"A criatividade é a chama que ilumina o caminho para a expressão da alma, e os seus traços coloridos transformam o mundo em uma obra de arte."

"Dedicado aos meus amados filhos ( Enzo Gabriel e Geovana)
e ao meu querido marido Gilvan.
A vocês, que são as estrelas que brilham em minha vida, dedicado este livro de colorir.
por agradecer serem minha fonte constante de inspiração, por despertarem em mim a criatividade e por preencherem meus dias com amor e alegria.
Cada página deste livro é um convite para colorir nossas memórias,,nossos momentos preciosos juntos. Através das cores e traços, quero expressar o quanto sou grata por ter vocês ao meu lado, compartilhando risos, abraços e sonhos.
E a todos que irão colorir essas páginas, obrigado por se juntarem a nós nessa jornada de criatividade e amor. Que cada traço e pincelada representa a beleza única que há em vocês, e que esses diamantes coloridos que surgem são reflexos de suas almas separadas.
Que este livro seja uma lembrança constante de nossa união, de nossos laços e de todo o amor que nos envolve. Que possamos criar juntos, compartilhar nossos núcleos e espalhar alegria por onde passarmos.
Com todo o meu amor,
Eliana Lima

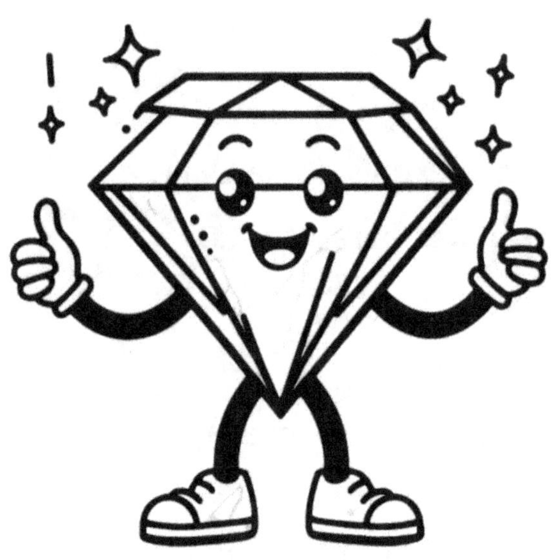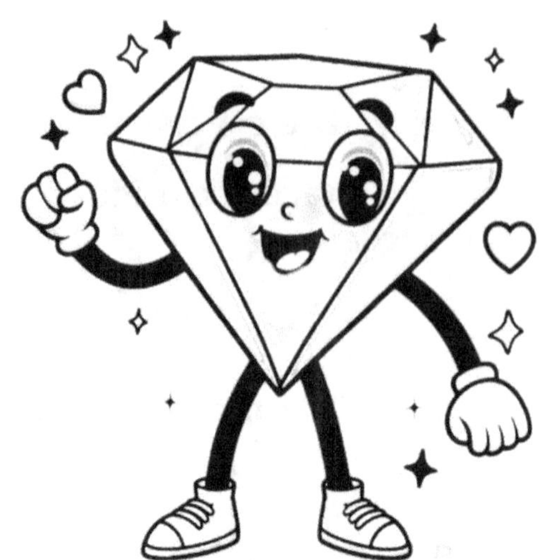

# Este livro pertence a:

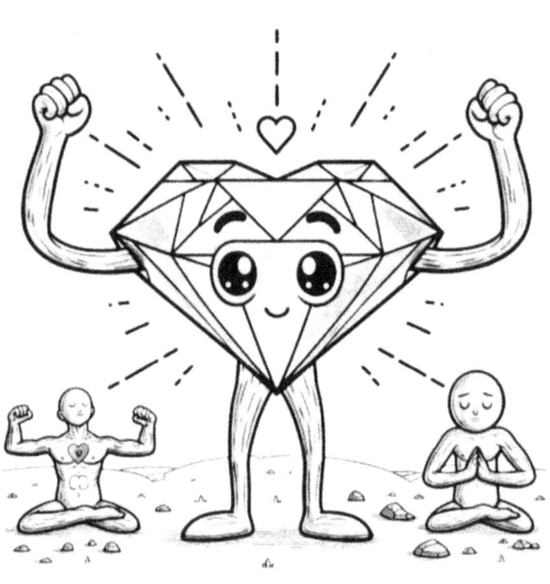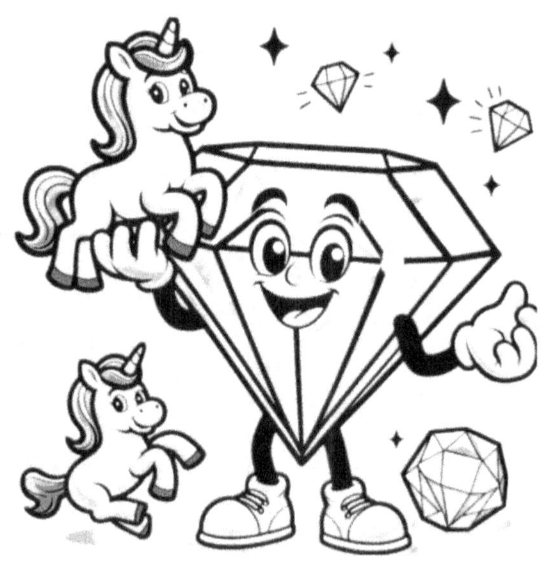

# Testar Cores na página

Era uma vez, em um reino distante, um diamante muito especial chamado Brilhante. Ele era conhecido por sua beleza e brilho excepcionais, mas havia algo que o diferenciava dos outros diamantes: ele possuía uma alma única.

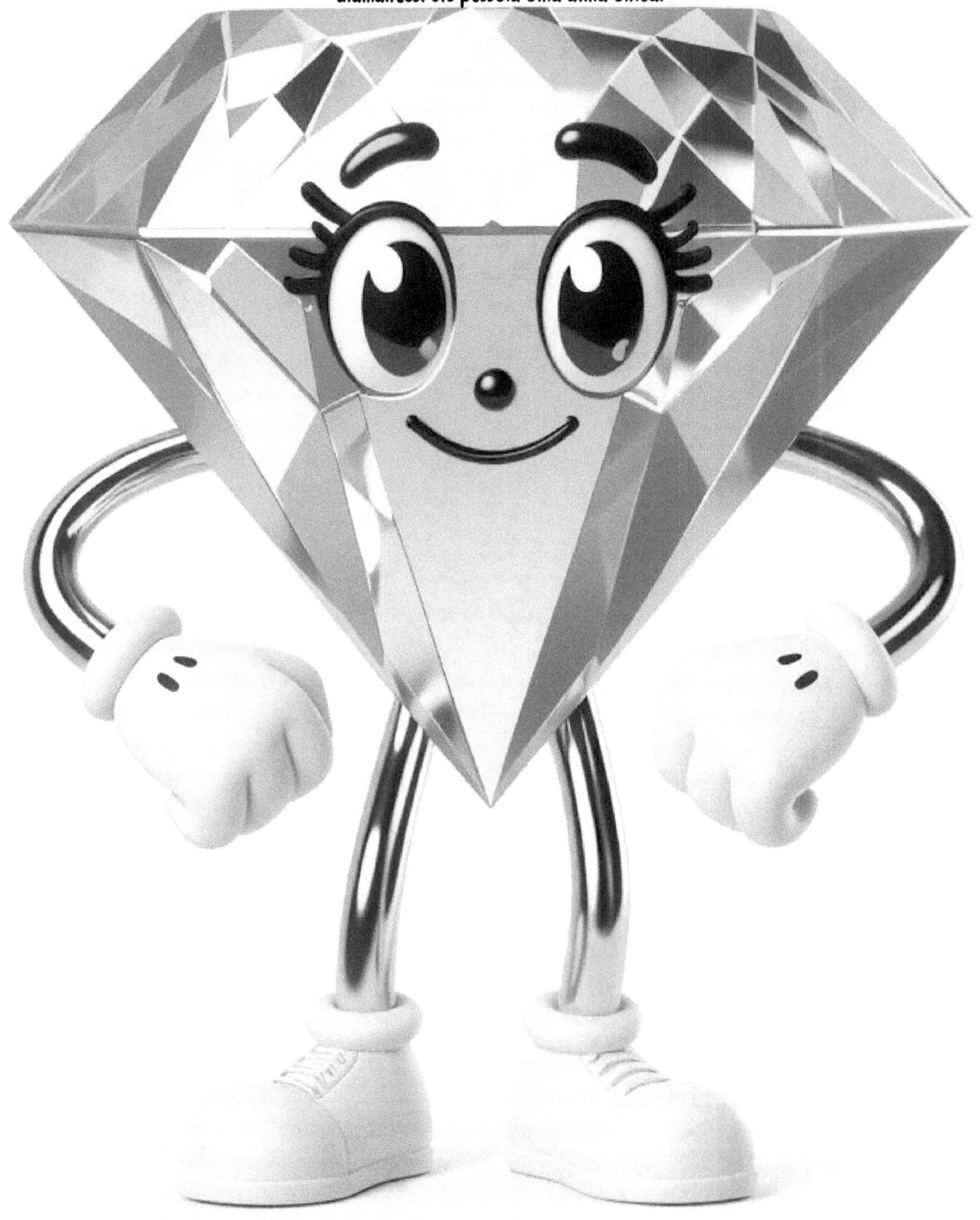

Ao contrário dos diamantes comuns, Brilhante tinha a capacidade
de sentir emoções. No entanto, havia um problema: ele não
conseguia entender o que sentia. Isso o deixava confuso e curioso ao mesmo tempo.

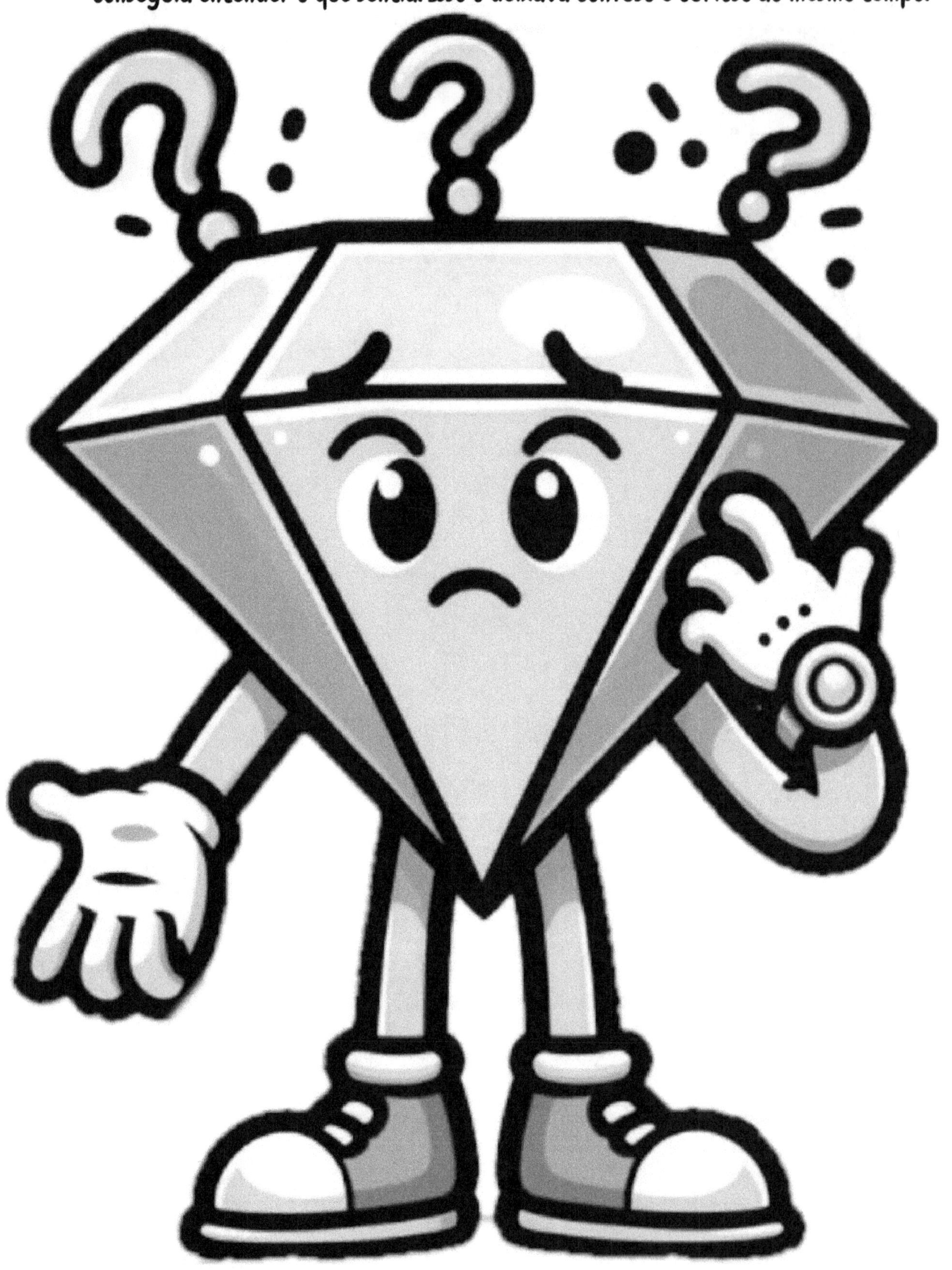

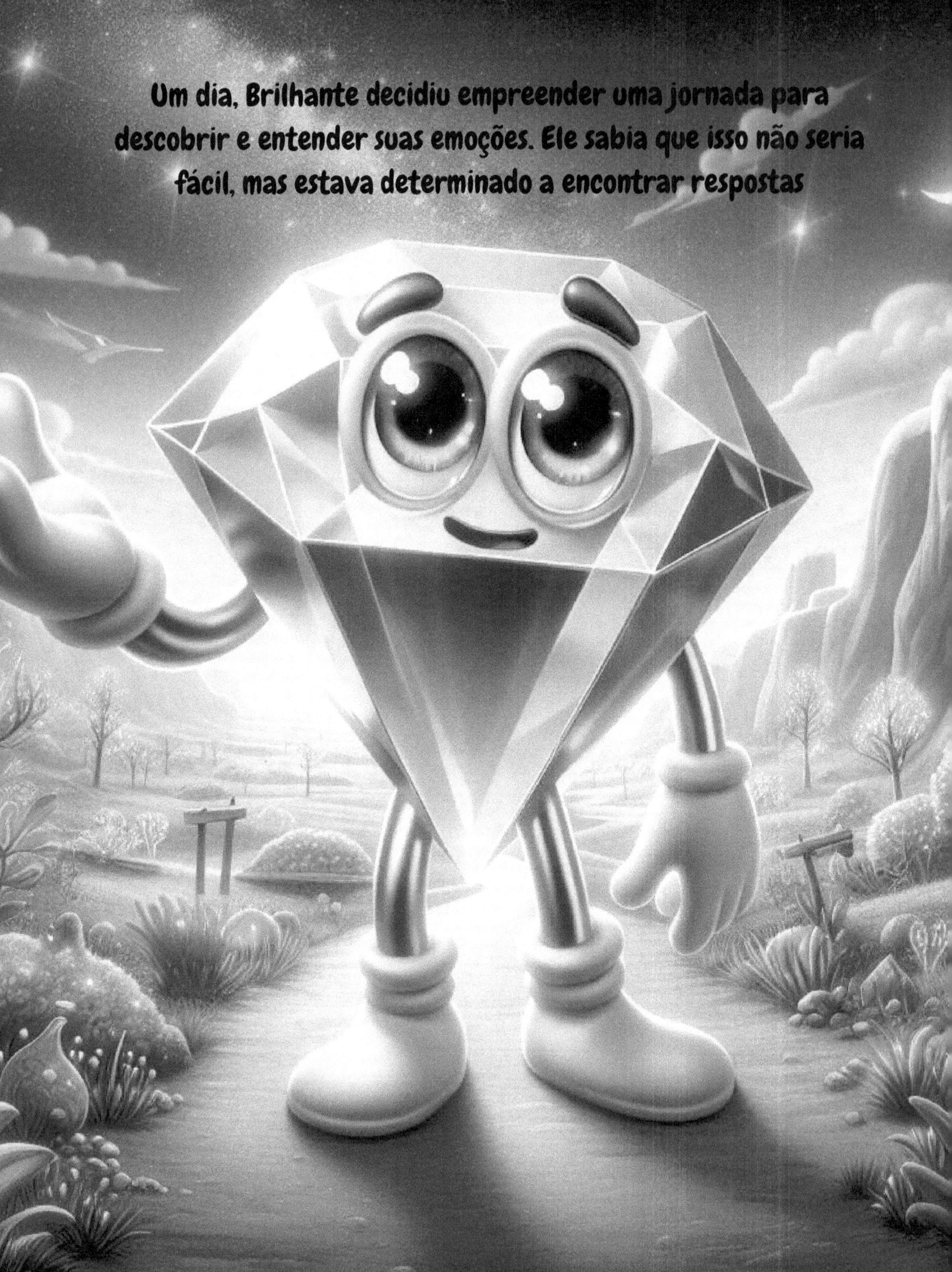

Um dia, Brilhante decidiu empreender uma jornada para descobrir e entender suas emoções. Ele sabia que isso não seria fácil, mas estava determinado a encontrar respostas

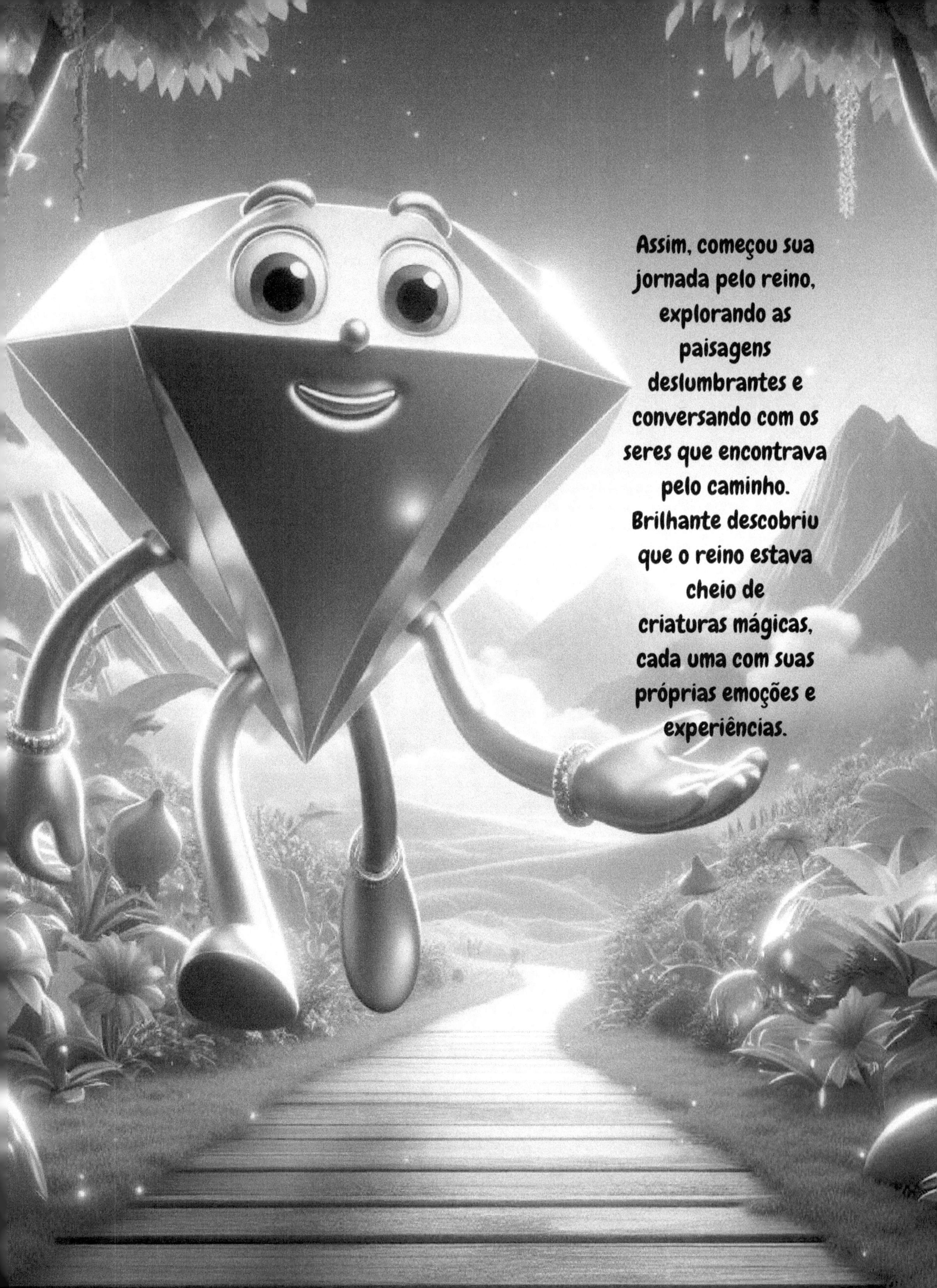

Assim, começou sua jornada pelo reino, explorando as paisagens deslumbrantes e conversando com os seres que encontrava pelo caminho. Brilhante descobriu que o reino estava cheio de criaturas mágicas, cada uma com suas próprias emoções e experiências.

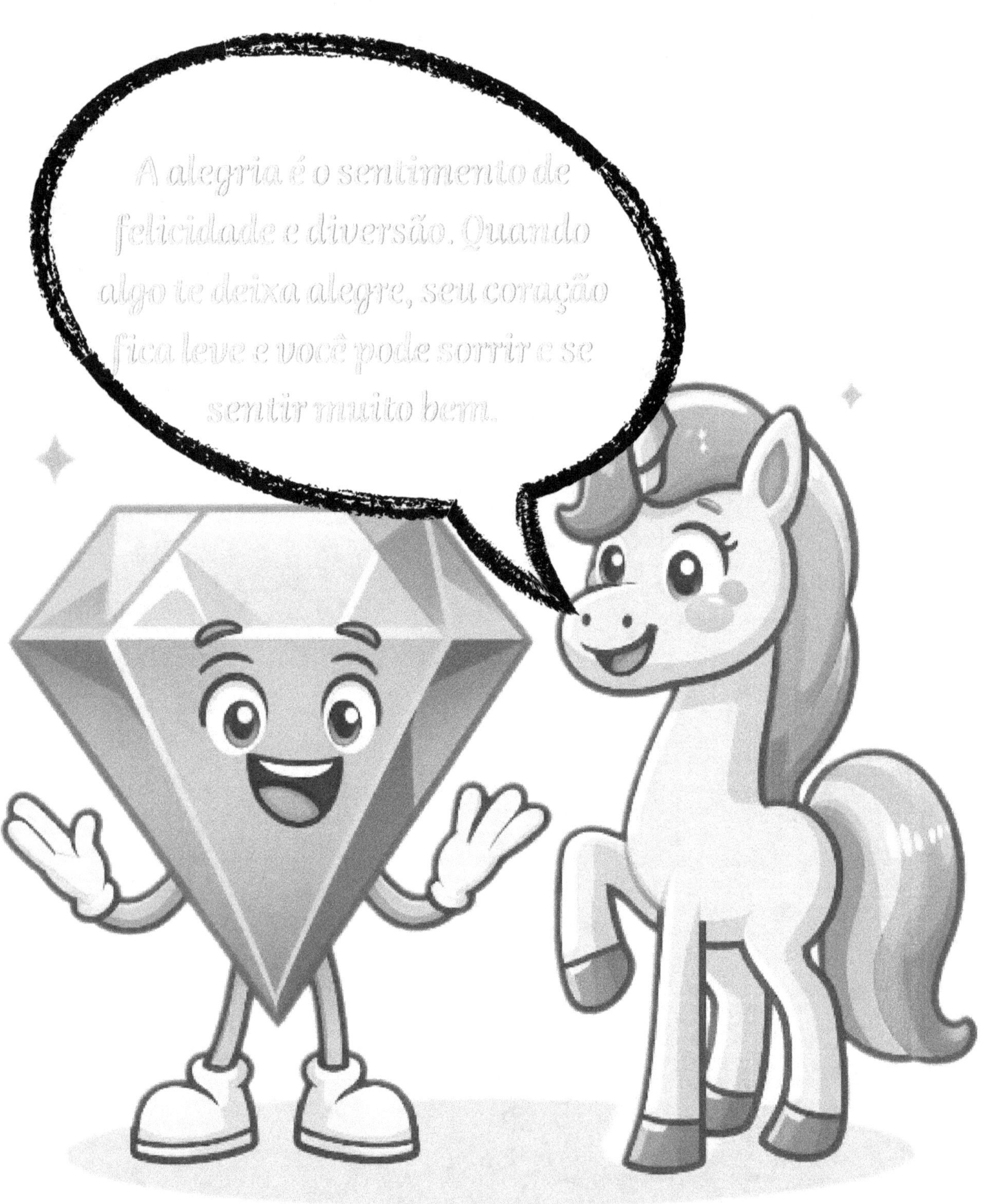


Ele conheceu um unicórnio chamado Arco-Íris, que lhe ensinou sobre a alegria e a felicidade. Brilhante sentiu uma sensação de calor e leveza ao aprender sobre essas emoções. Ele percebeu que a alegria era como um raio de sol que iluminava seu coração

# Vamos colorir o Brilhante!
## Assim ele vai aumentar sua alegria.

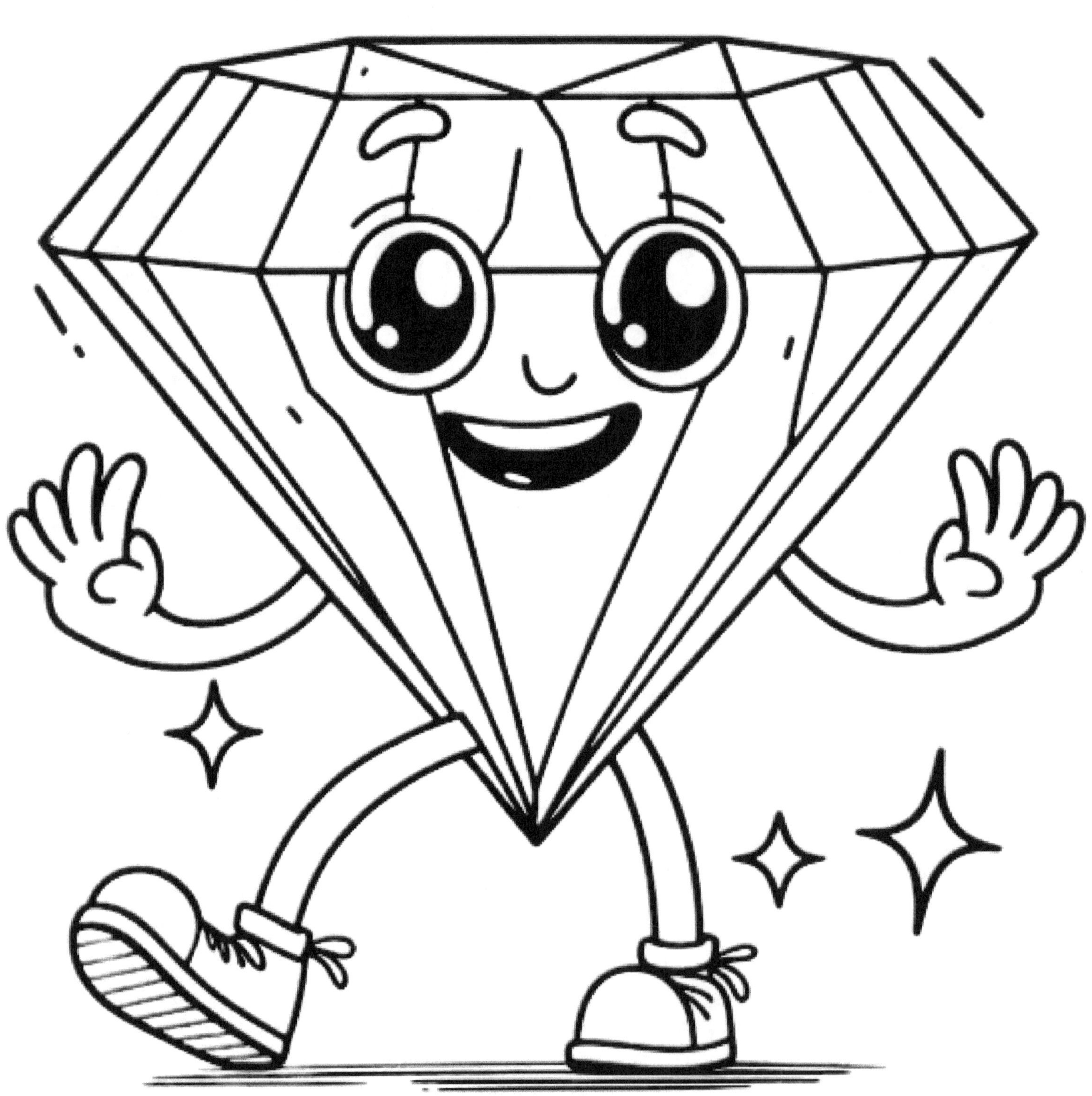

Vamos colorir o Brilhante!
Assim ele vai aumentar sua alegria.

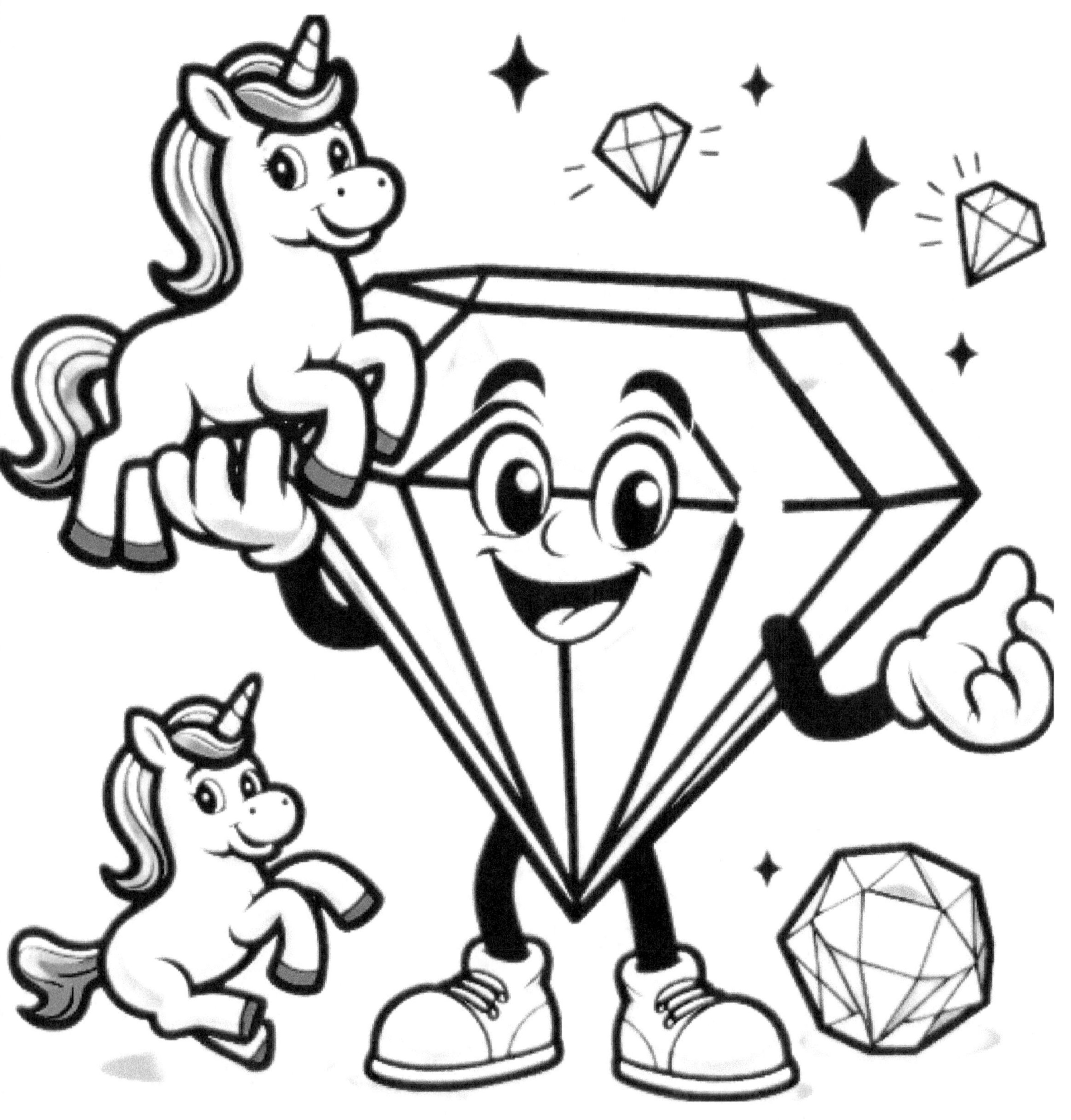

Vamos colorir o Brilhante!
Assim ele vai aumentar sua alegria.

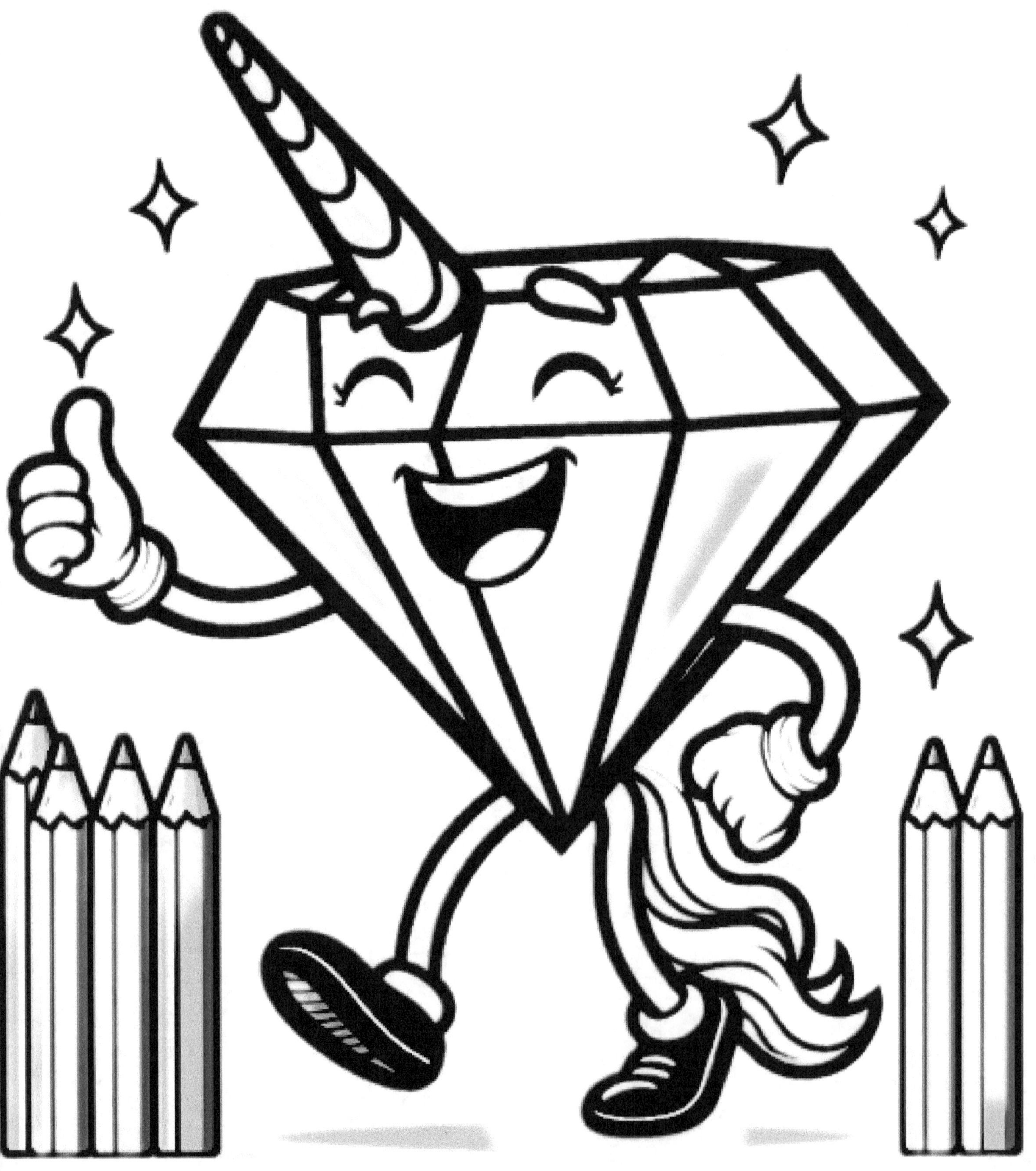

Vamos colorir o Brilhante!
Assim ele vai aumentar sua alegria.

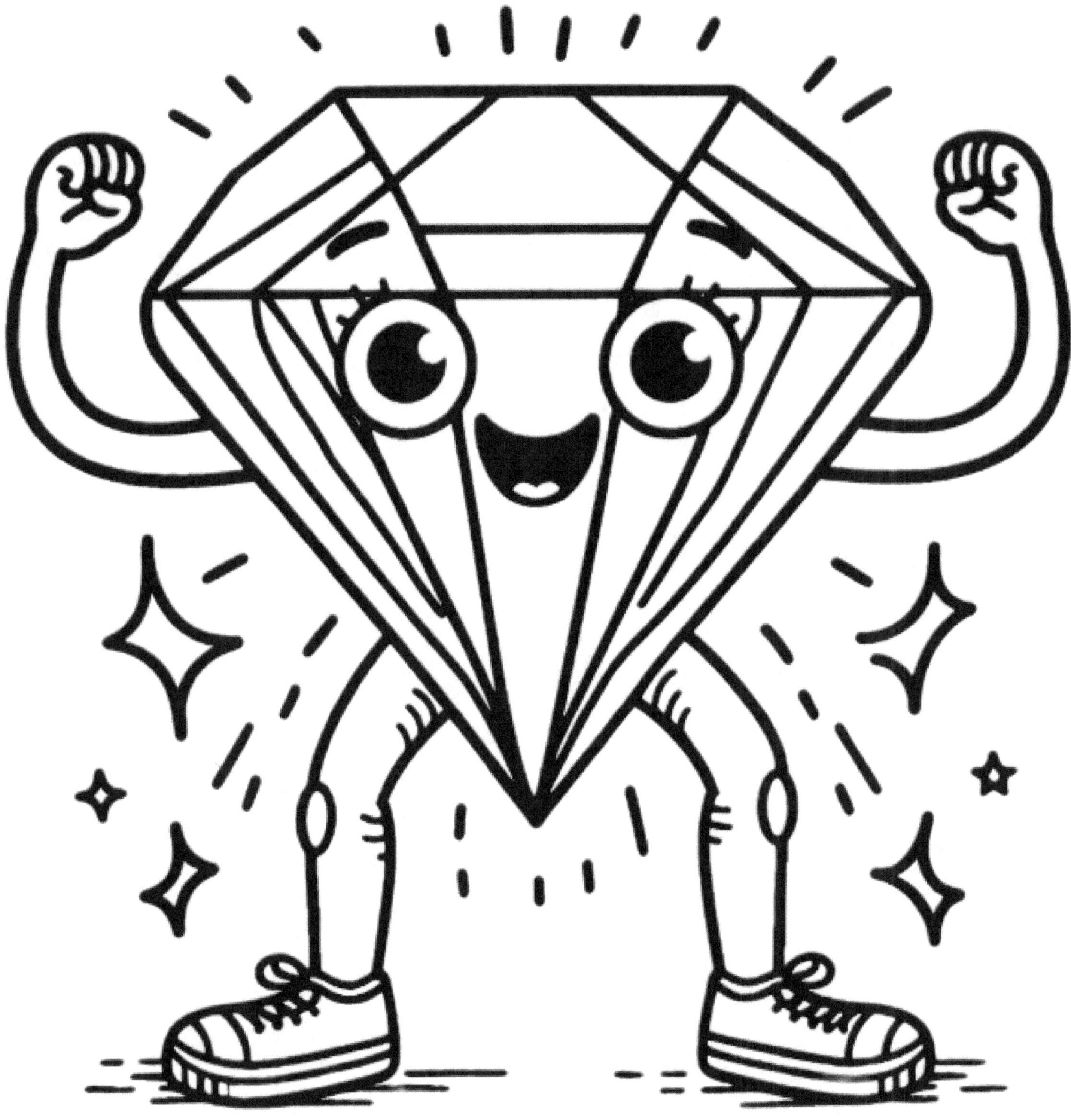

Vamos colorir o Brilhante!
Assim ele vai aumentar sua alegria.

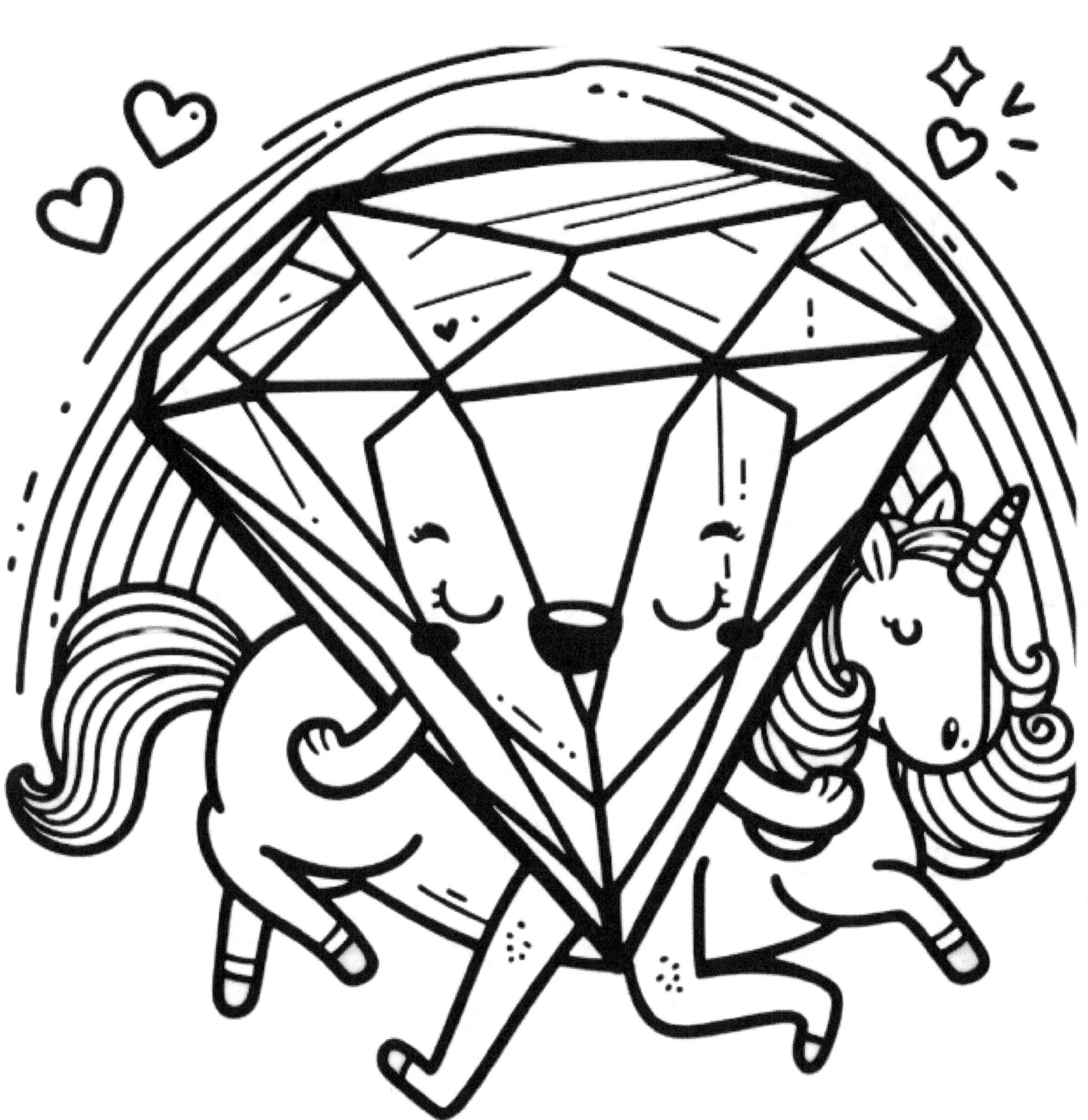

# Vamos colorir o Brilhante!
## Assim ele vai aumentar sua alegria.

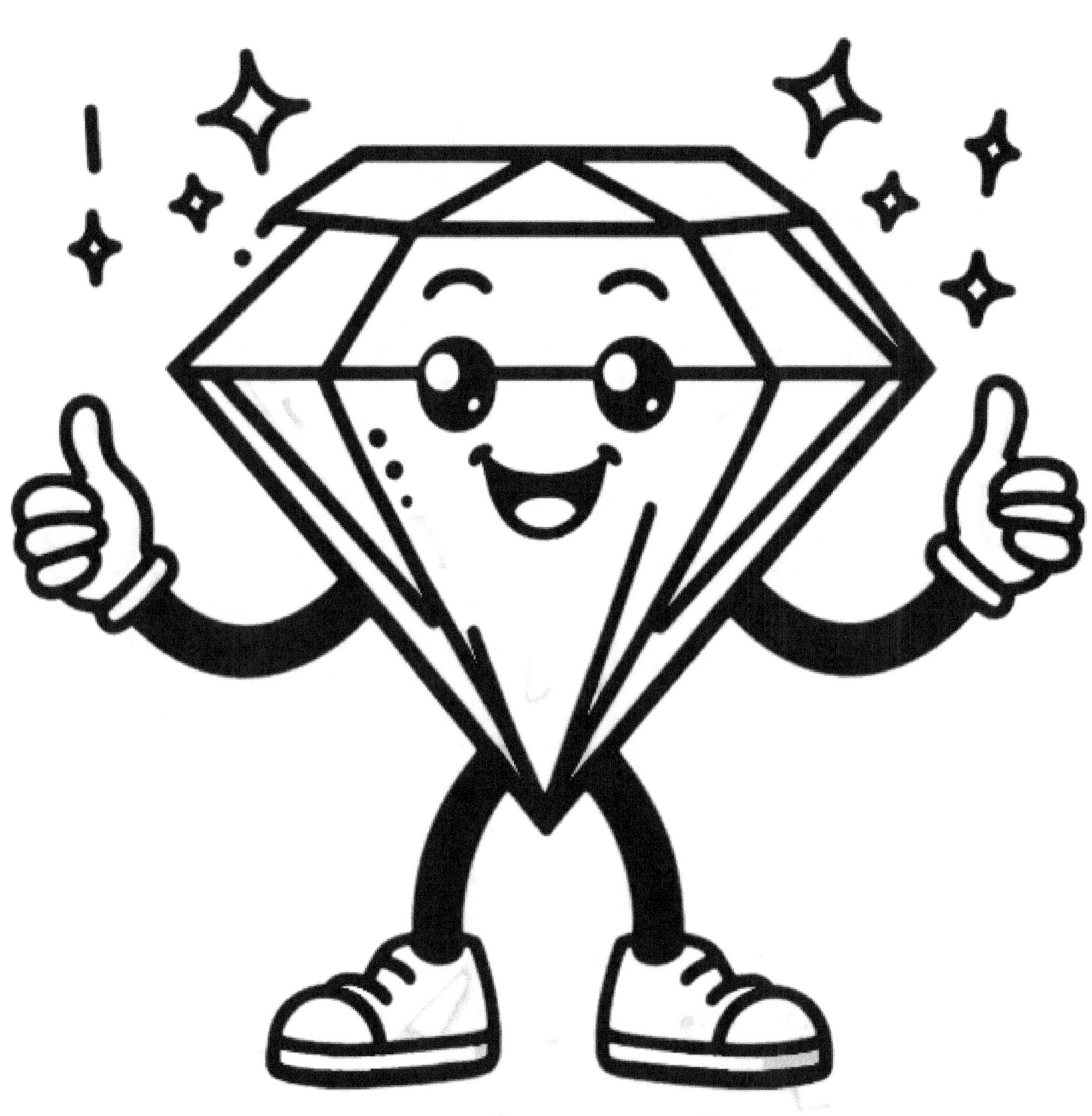

# Obrigado (a) amiguinho, Brilhante
Ficou feliz por você compartilhar sua alegria com ele.

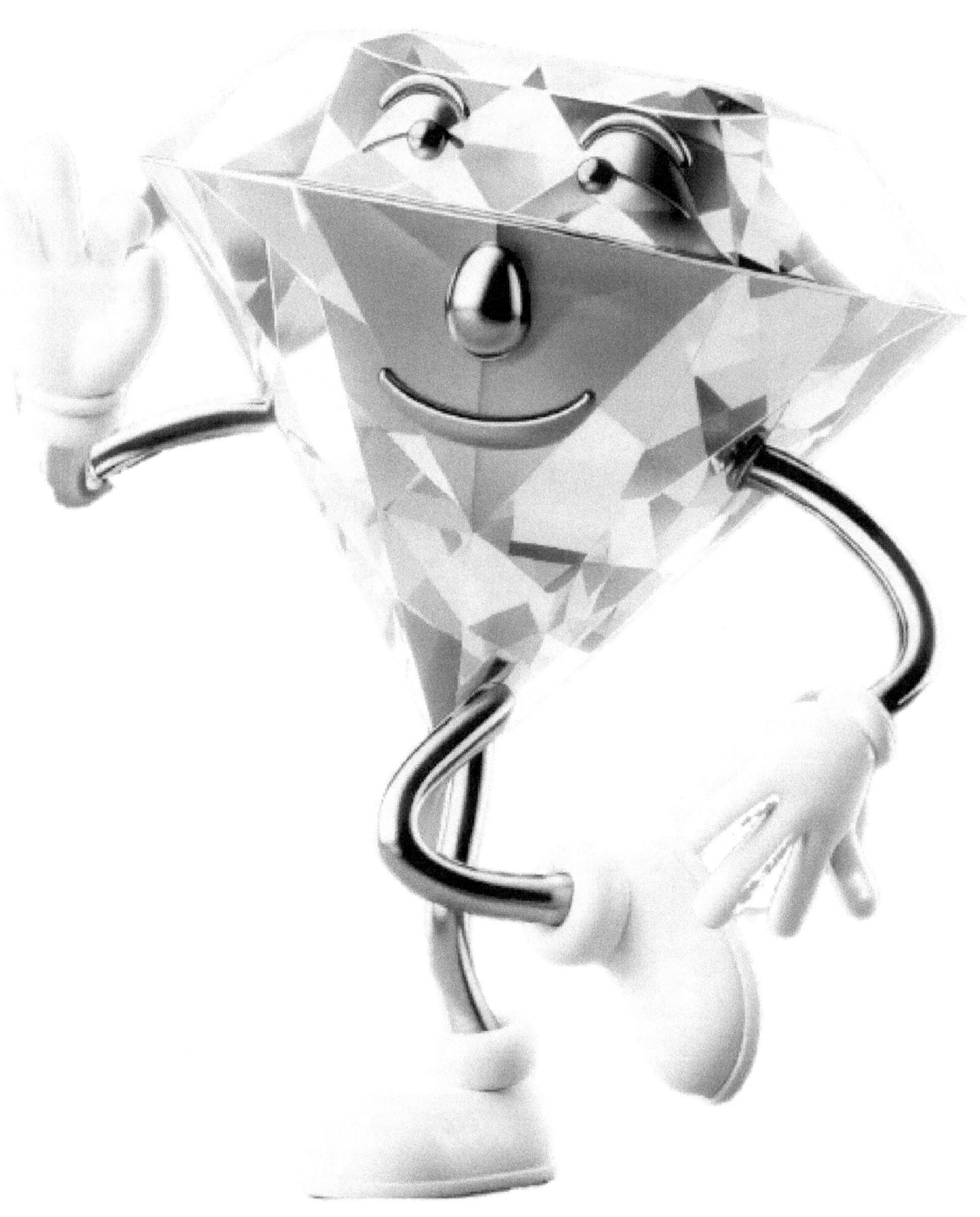

Perfeito Brilhante está super feliz !
Agora é sua vez:
Faça um desenho que represente o dia
que você sentiu alegria.

Em sua jornada, Brilhante também encontrou uma fada chamada Melancolia, que lhe mostrou a tristeza e a dor. Embora essas emoções fossem difíceis de serem compreendidas, Brilhante entendeu que elas eram parte da vida e que ajudavam a valorizar ainda mais os momentos de alegria.

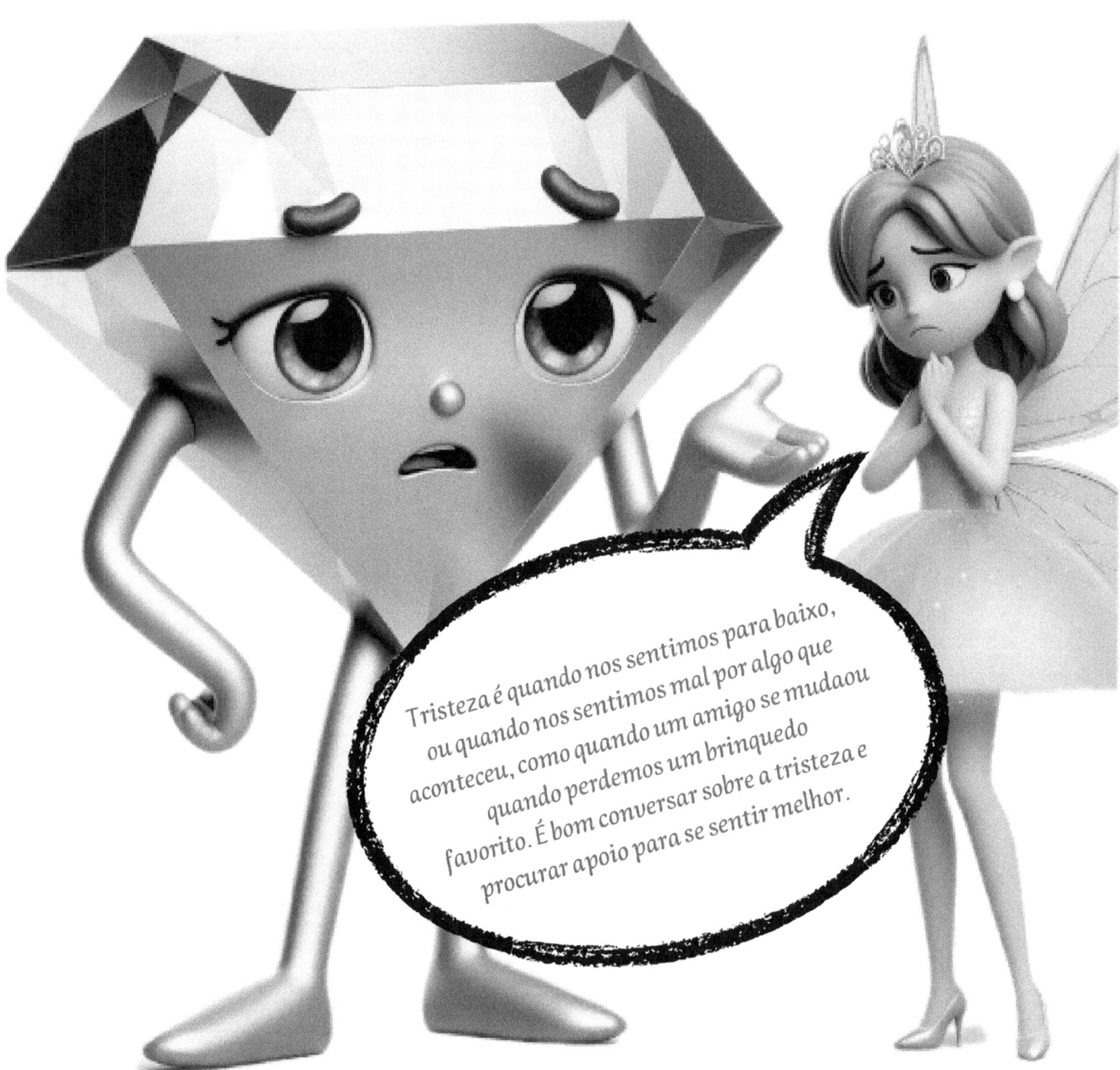

Vamos colorir o Brilhante!
Ele está buscando entender a emoção tristeza dentro dele,
lembrou as vezes que ficou triste .
Um pouco de cores vai ajudar!

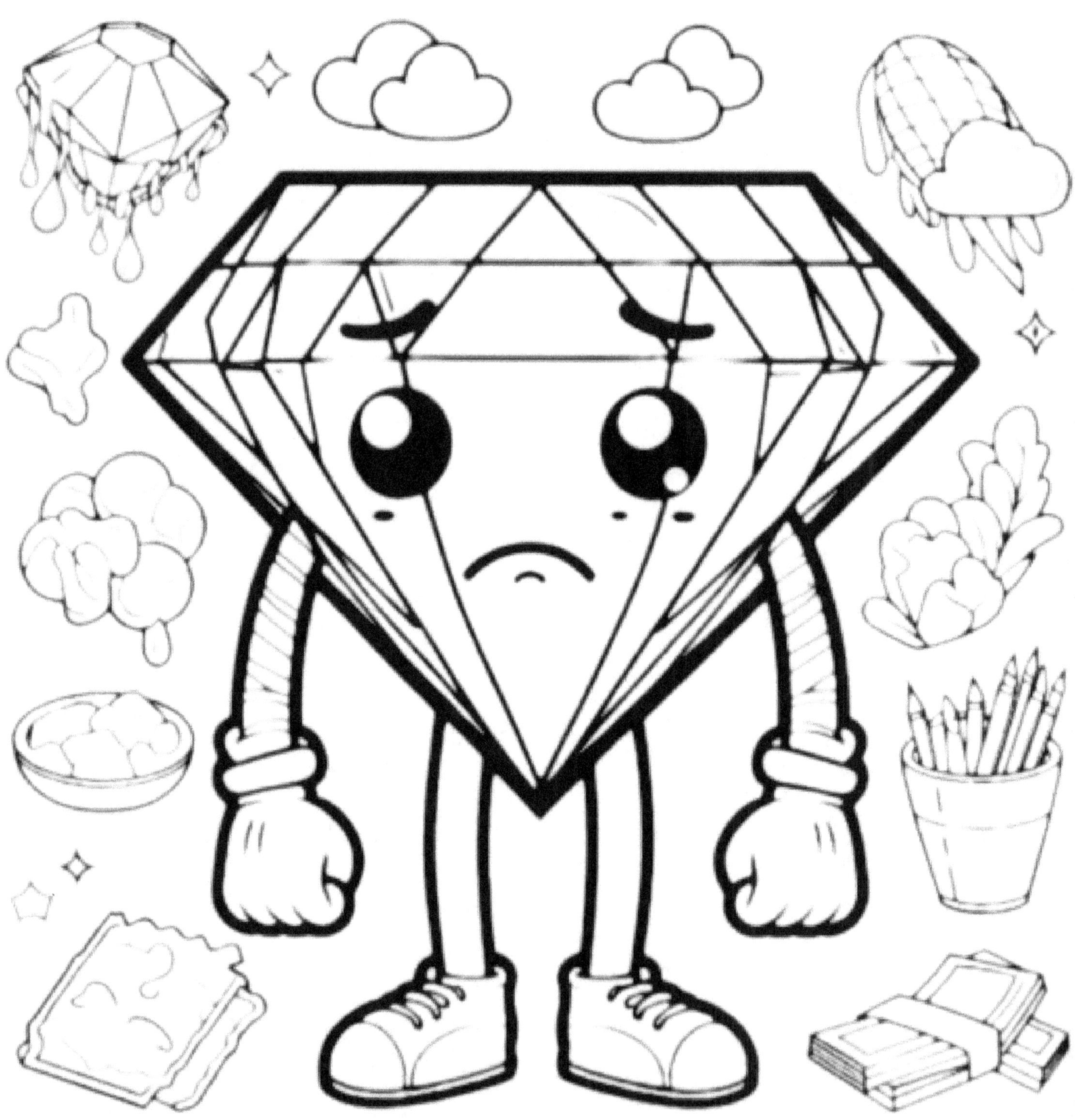

Vamos colorir o Brilhante!
Ele está buscando entender a emoção tristeza dentro dele,
lembrou as vezes que ficou triste .
Um pouco de cores vai ajudar!

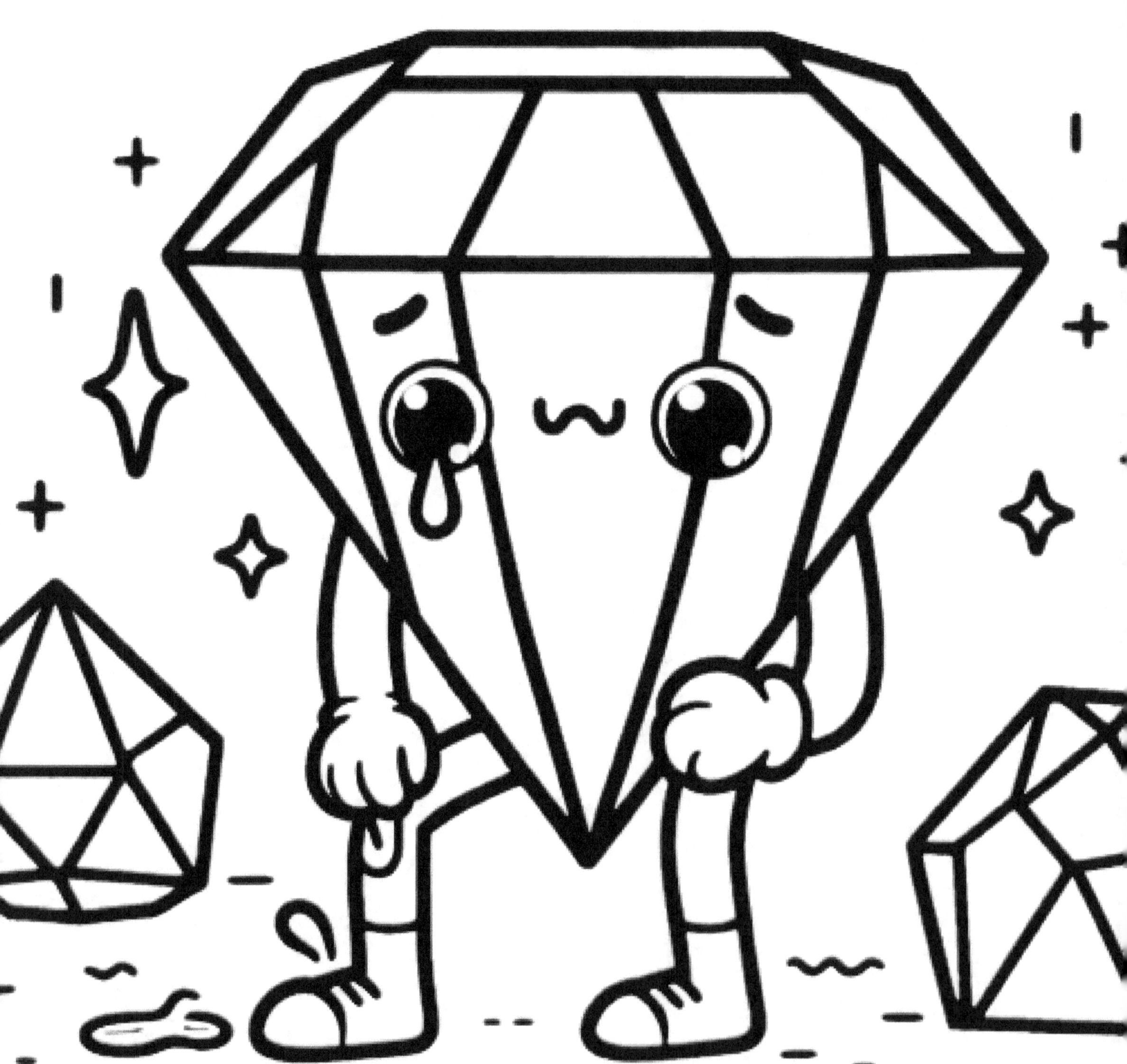

Vamos colorir o Brilhante!
Ele está buscando entender a emoção tristeza dentro dele,
lembrou as vezes que ficou triste .
Um pouco de cores vai ajudar!

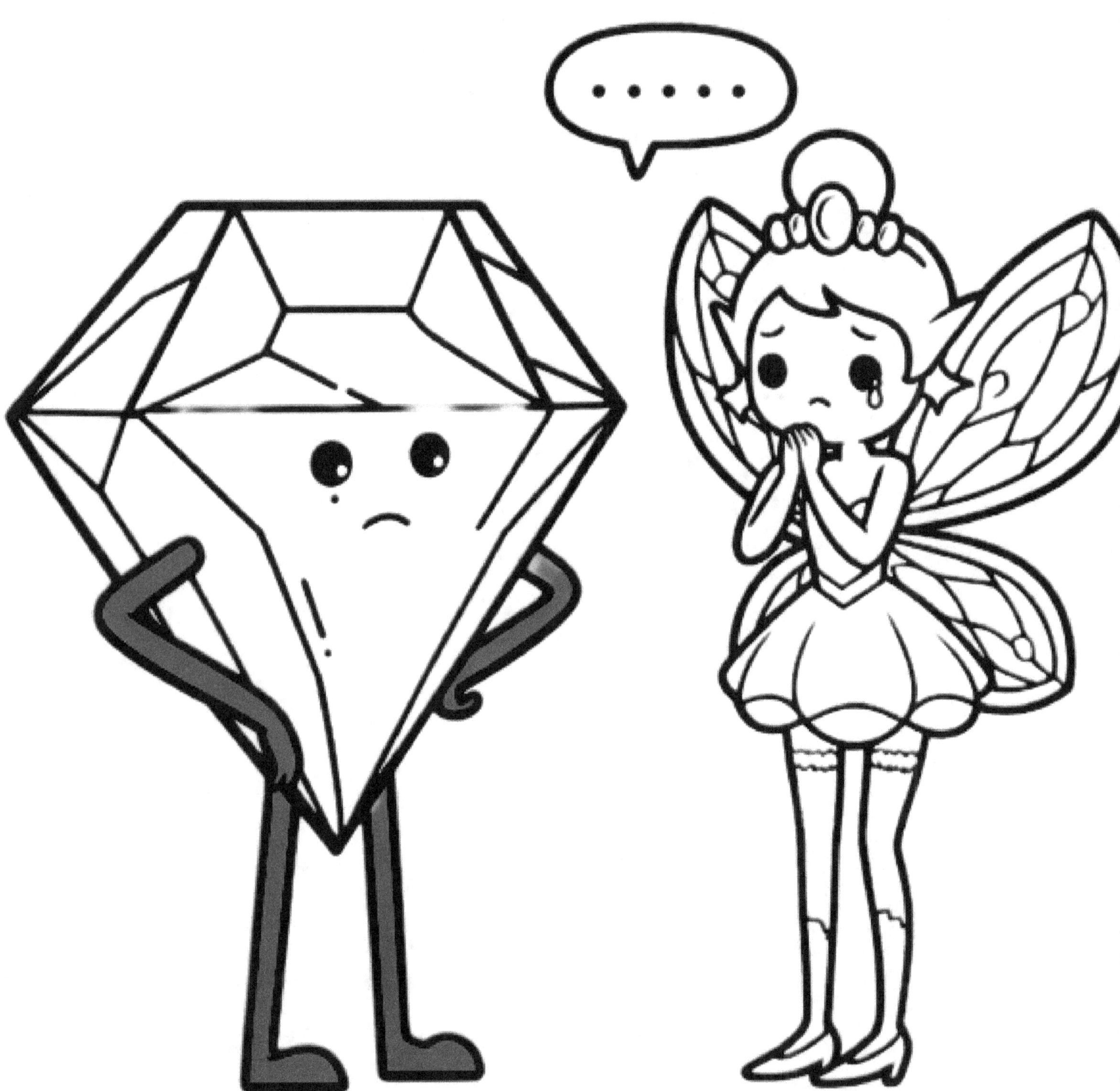

Vamos colorir o Brilhante!
Ele está buscando entender a emoção tristeza dentro dele,
lembrou as vezes que ficou triste .
Um pouco de cores vai ajudar!

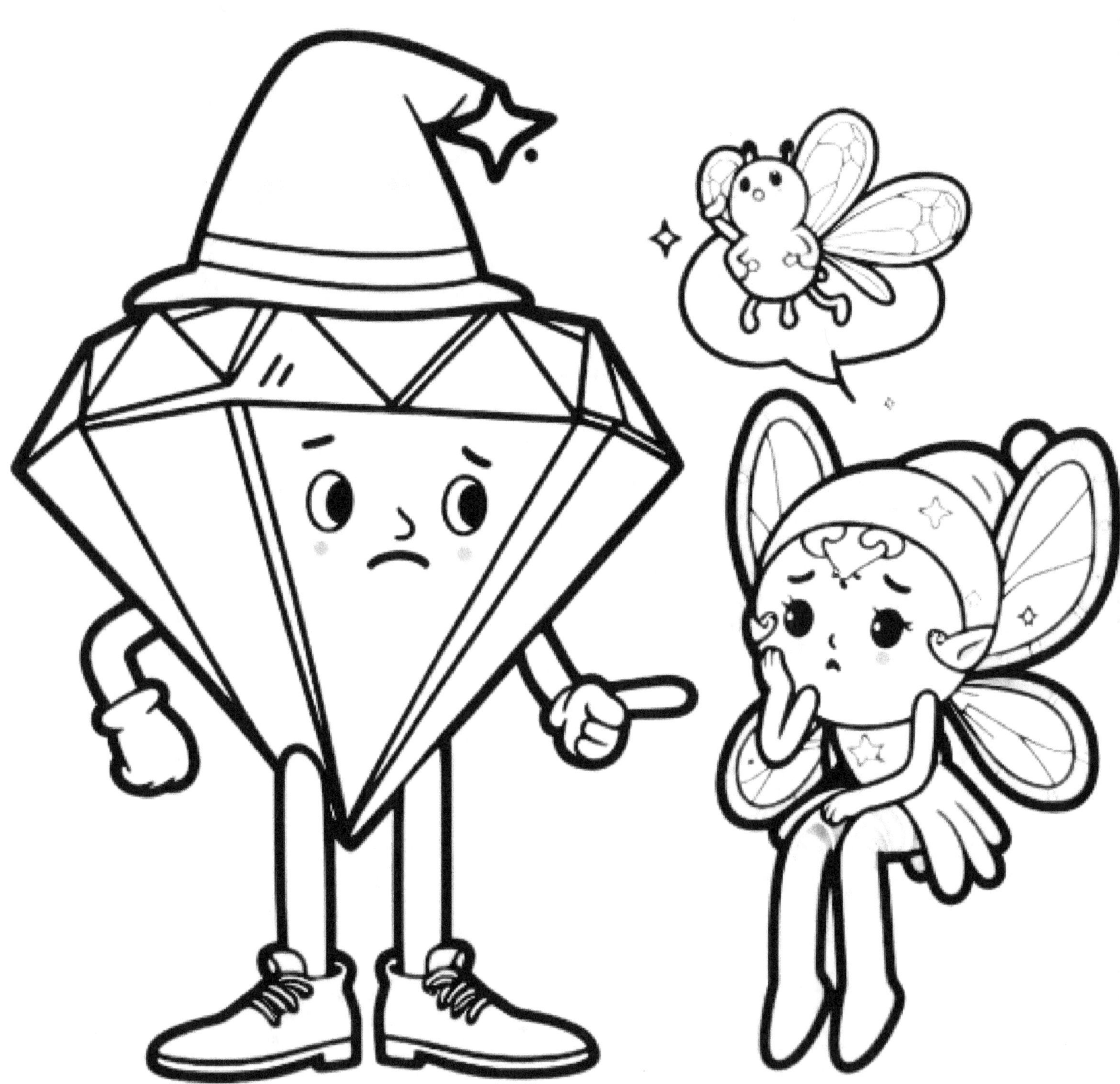

Vamos colorir o Brilhante!
Ele está buscando entender a emoção tristeza dentro dele,
lembrou as vezes que ficou triste .
Um pouco de cores vai ajudar!


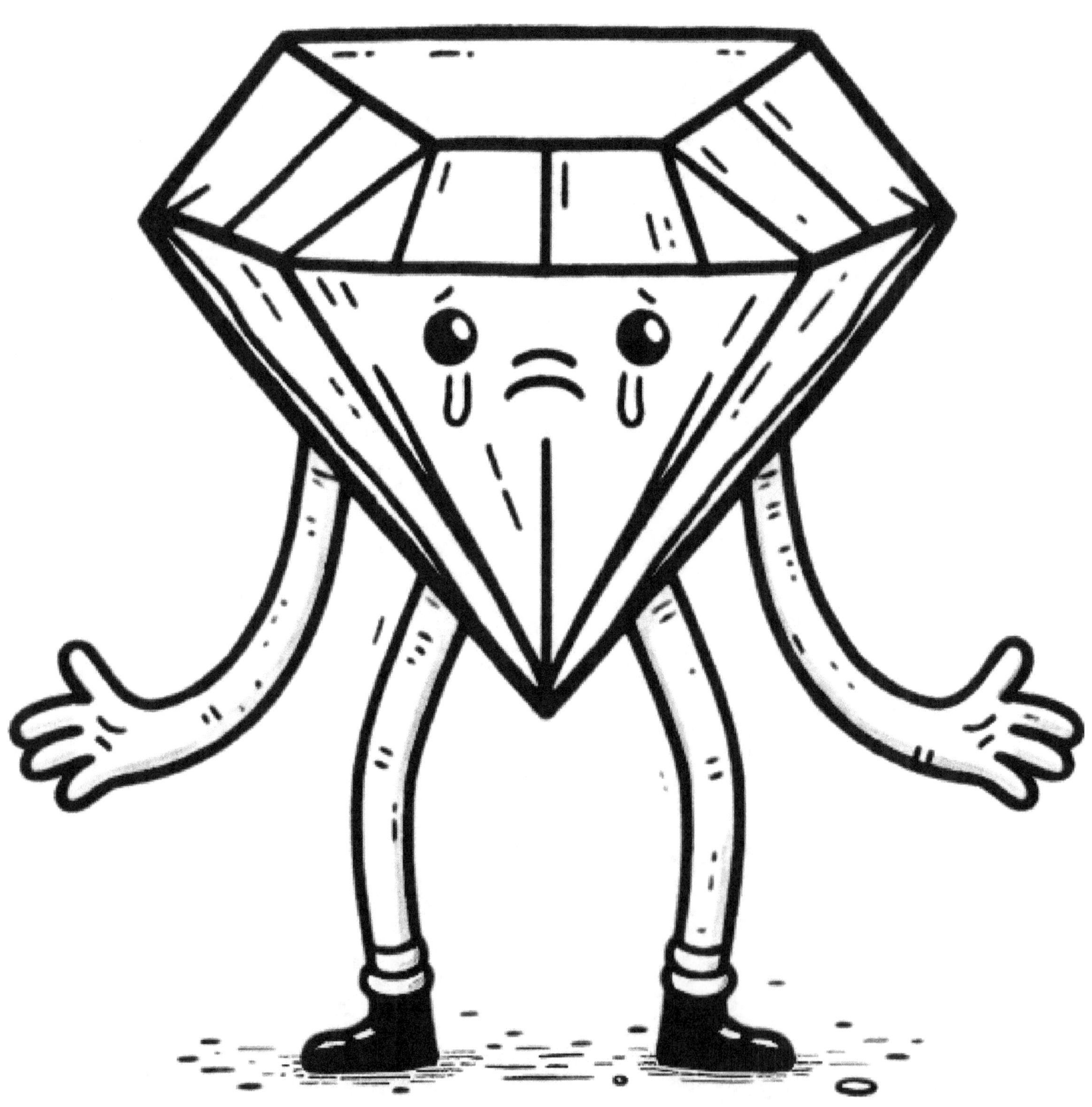

Vamos colorir o Brilhante!
Ele está buscando entender a emoção tristeza dentro dele,
lembrou as vezes que ficou triste .
Um pouco de cores vai ajudar!


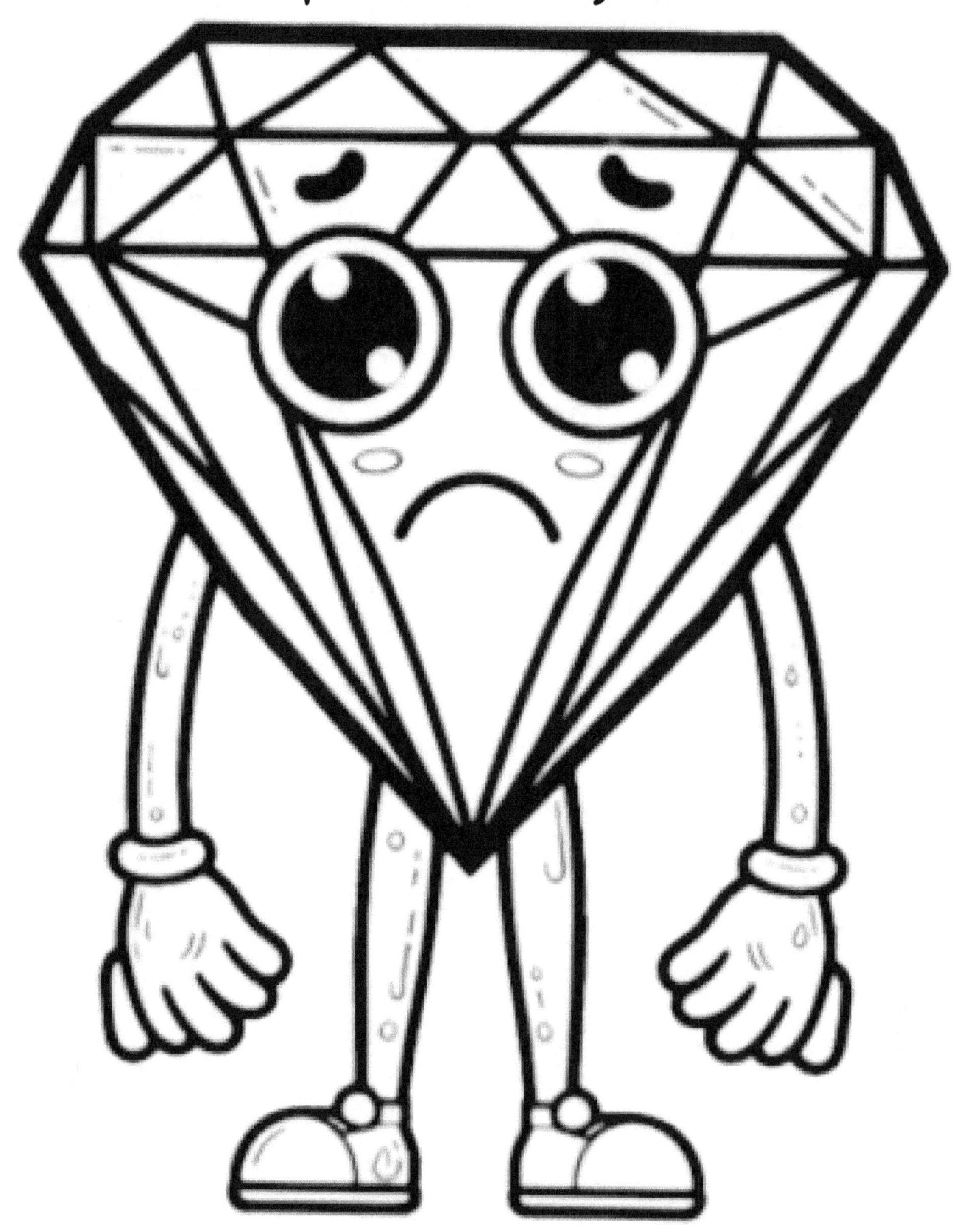

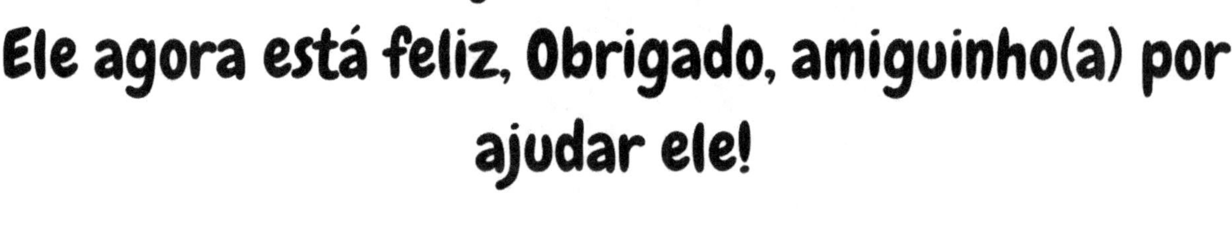

Uauuuuu, Brilhante conseguiu entender, A emoção da tristeza.
Ele agora está feliz, Obrigado, amiguinho(a) por ajudar ele!

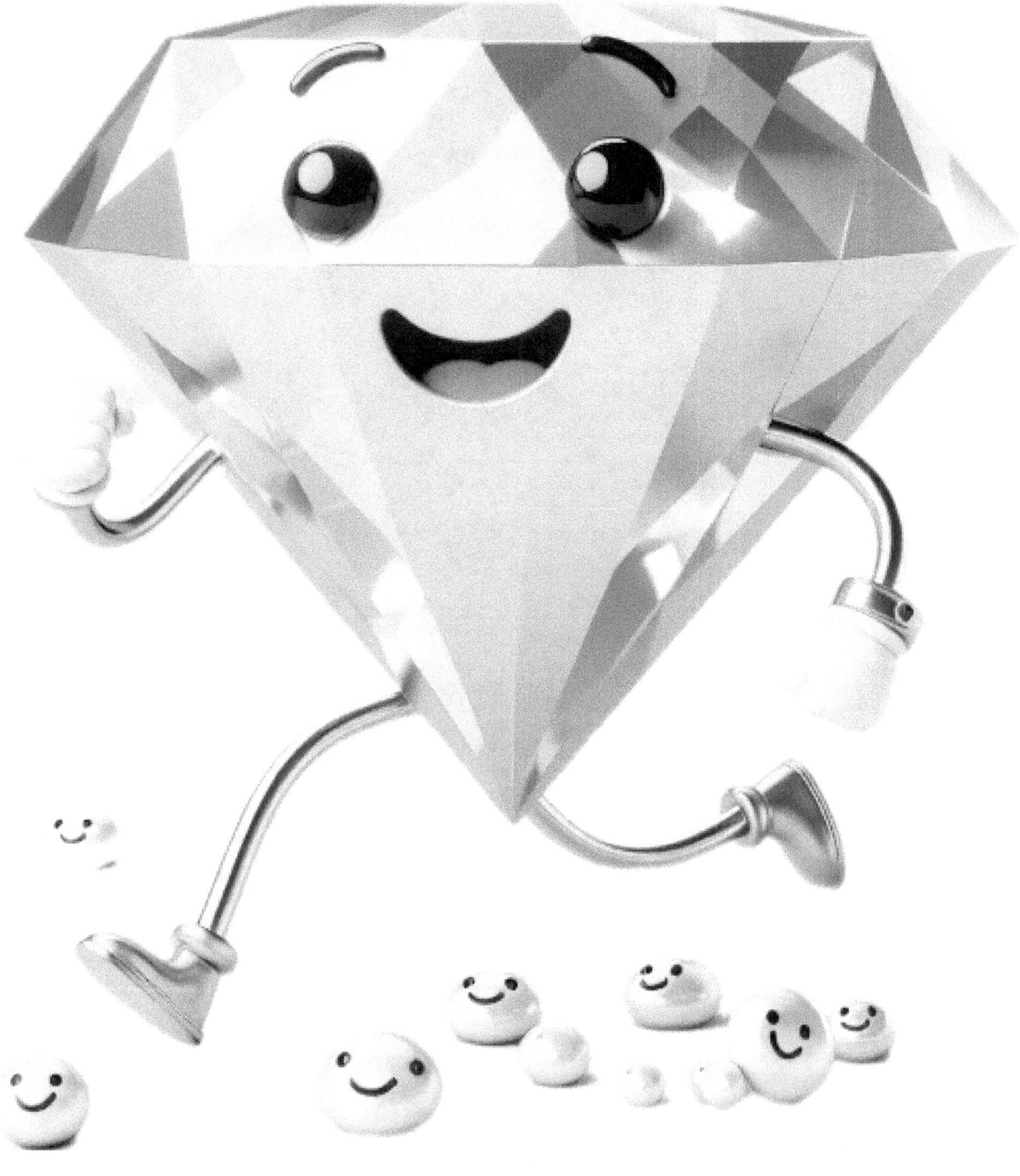

**Brilhante já está bem, agora é sua vez!
Desenhe um momento em que você ficou
triste e como você reagiu?**

Em sua busca, Brilhante conheceu um dragão chamado Fúria, que lhe mostrou a raiva e a frustração. Essas emoções era poderosas e intensas, e Brilhante percebeu que também fazia parte de quem ele era. A raiva era como um vulcão em erupção, mas ele aprendeu a entender porque ele sentiu raiva.

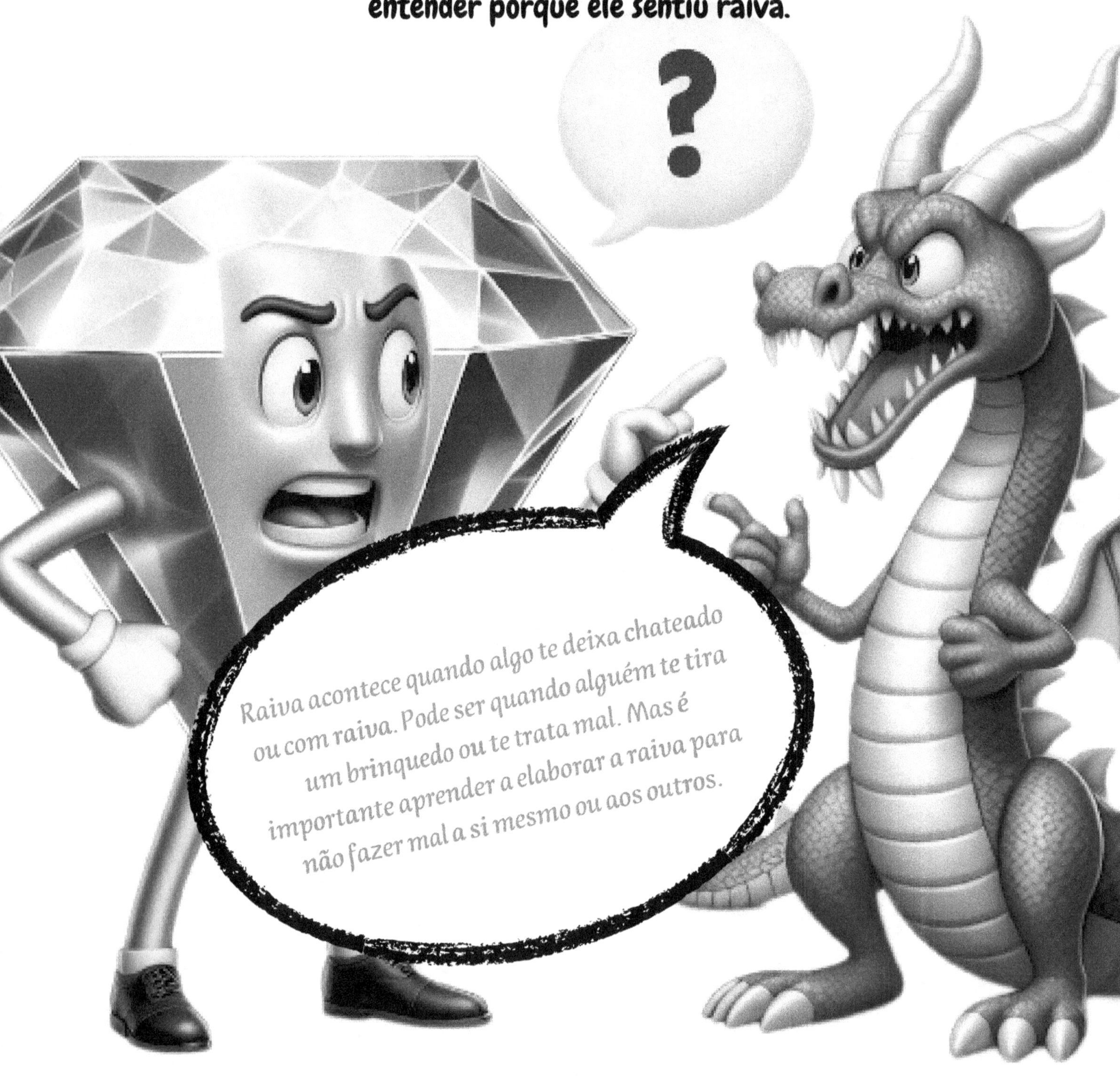

Vamos colorir Brilhante,
agora ele está entendendo as vezes
que ele sentiu raiva .Vamos ajudar
ele a se acalmar.

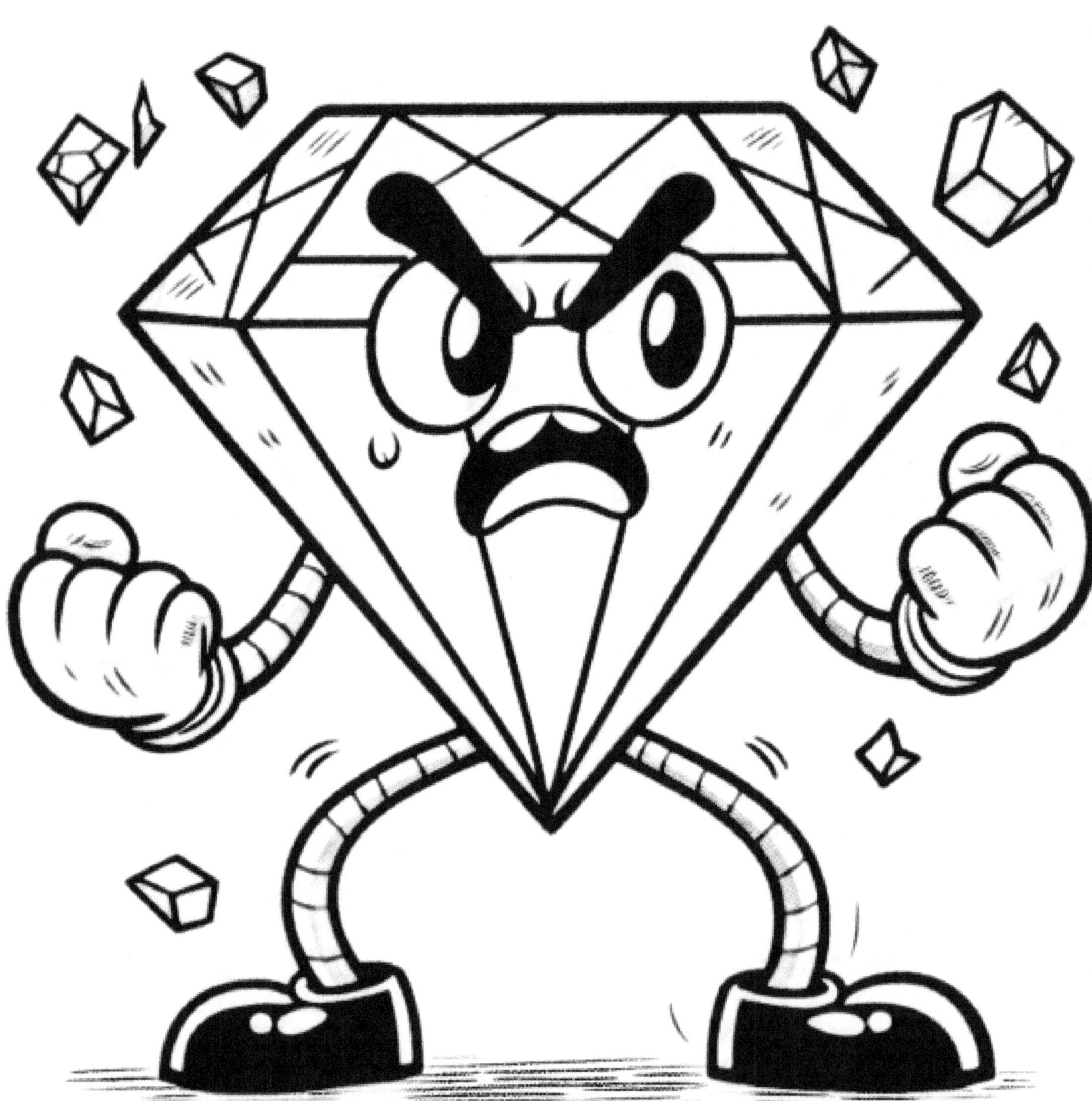

Vamos colorir Brilhante,
agora ele está entendendo as vezes
que ele sentiu raiva .Vamos ajudar
ele a se acalmar.

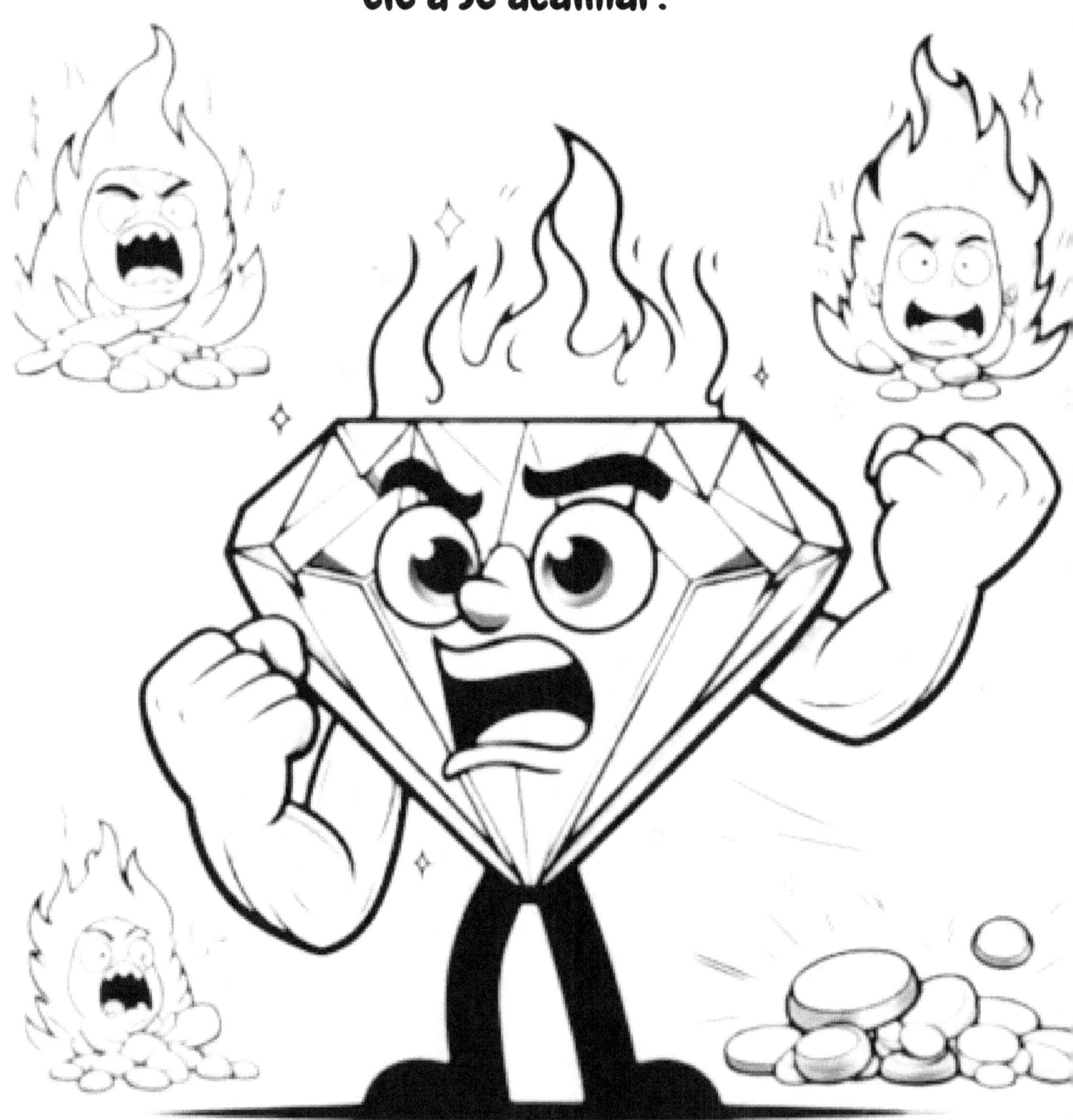

Vamos colorir Brilhante,
agora ele está entendendo as vezes
que ele sentiu raiva .Vamos ajudar
ele a se acalmar.

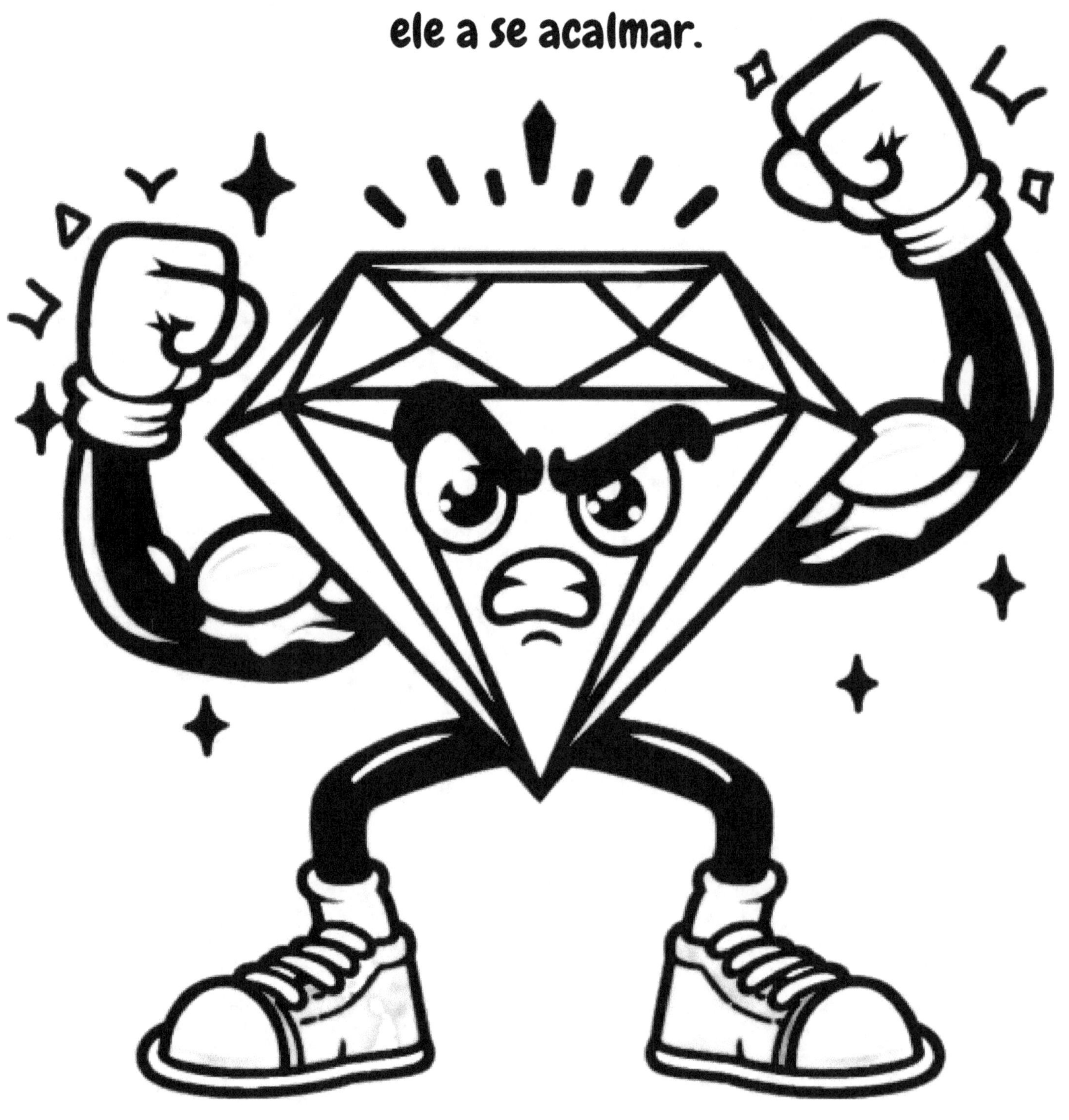

Vamos colorir Brilhante,
agora ele está entendendo as vezes
que ele sentiu raiva .Vamos ajudar
ele a se acalmar.

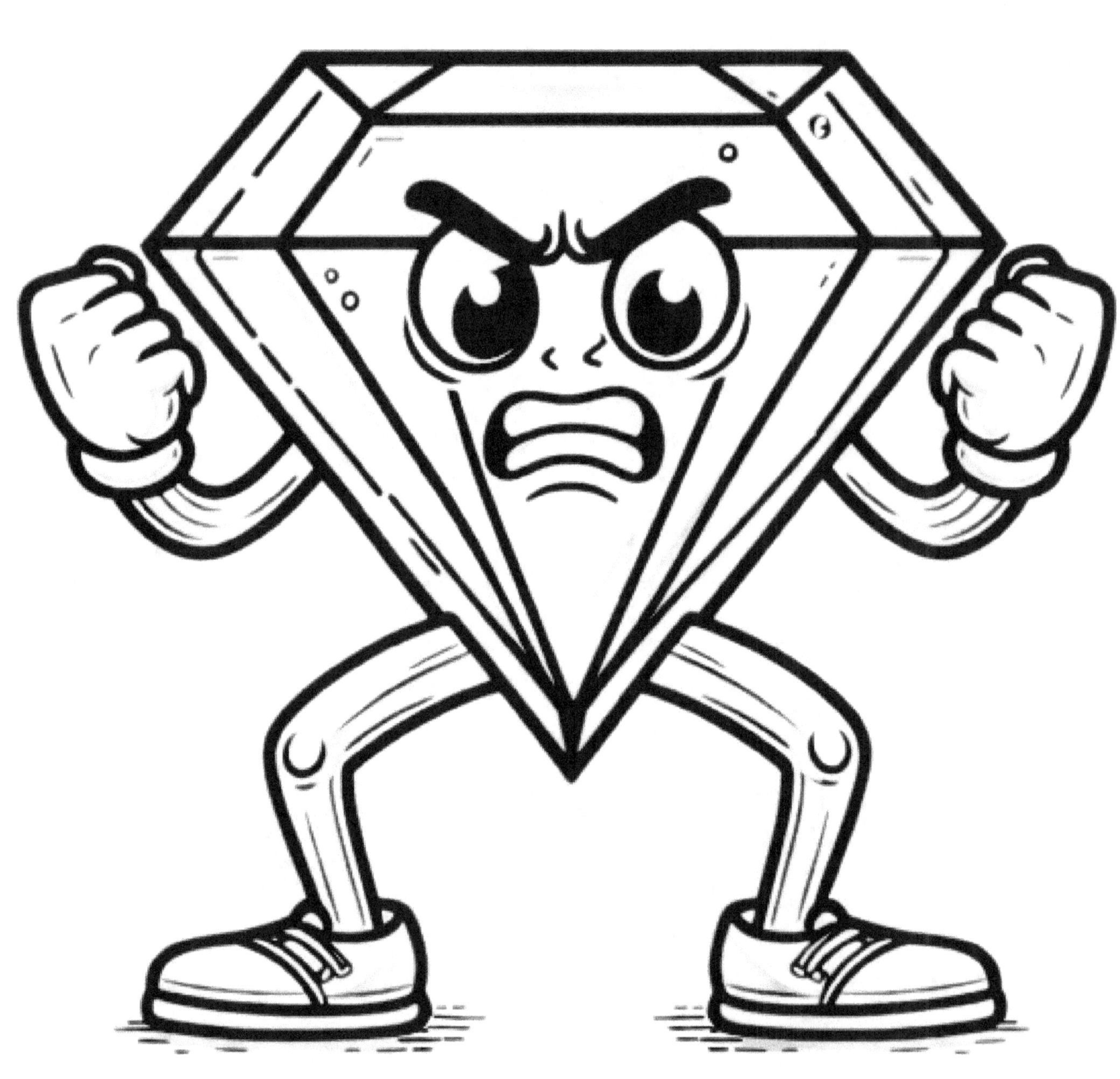

Vamos colorir Brilhante,
agora ele está entendendo as vezes
que ele sentiu raiva .Vamos ajudar
ele a se acalmar.

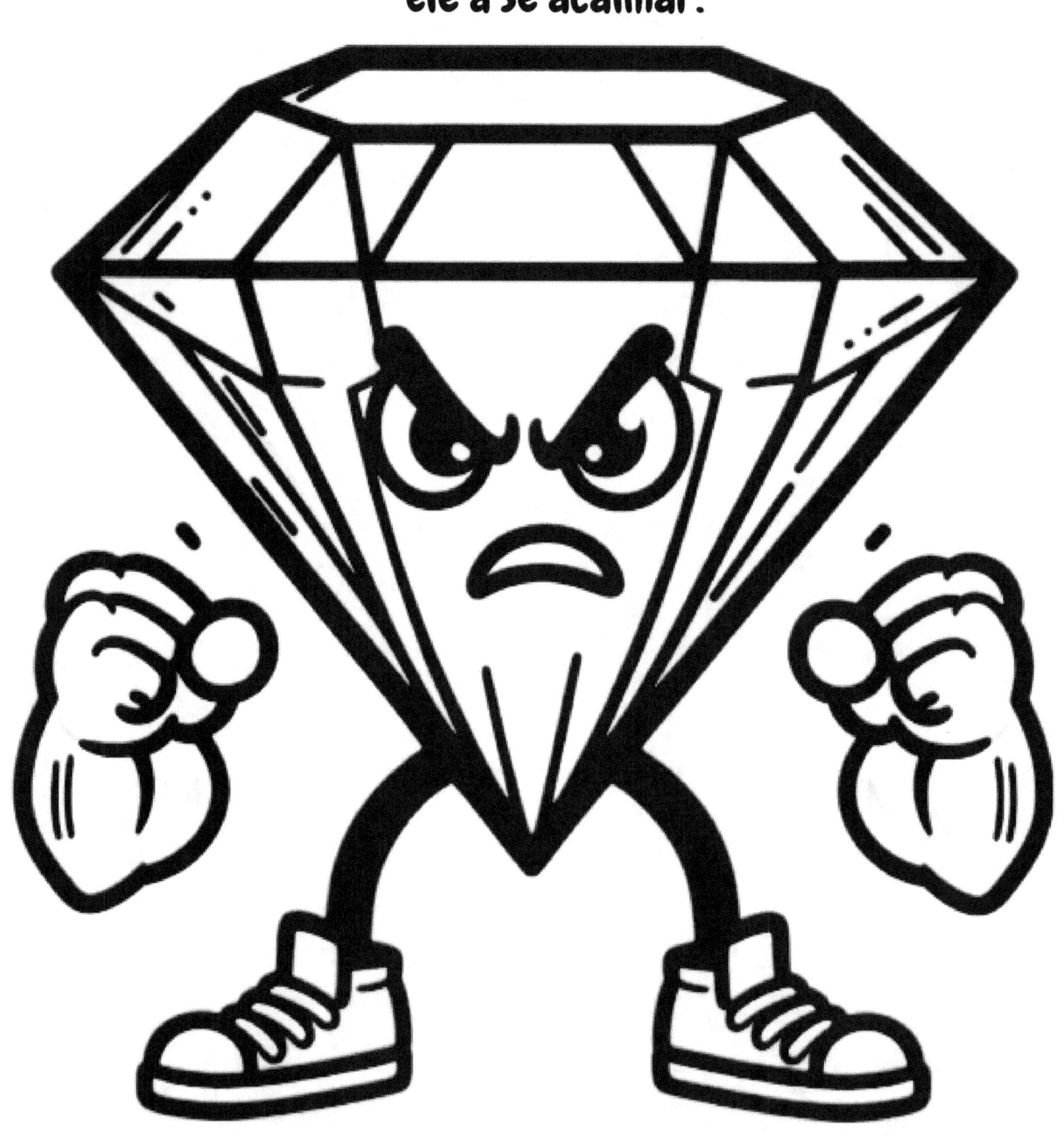

Vamos colorir Brilhante,
agora ele está entendendo as vezes
que ele sentiu raiva .Vamos ajudar
ele a se acalmar.

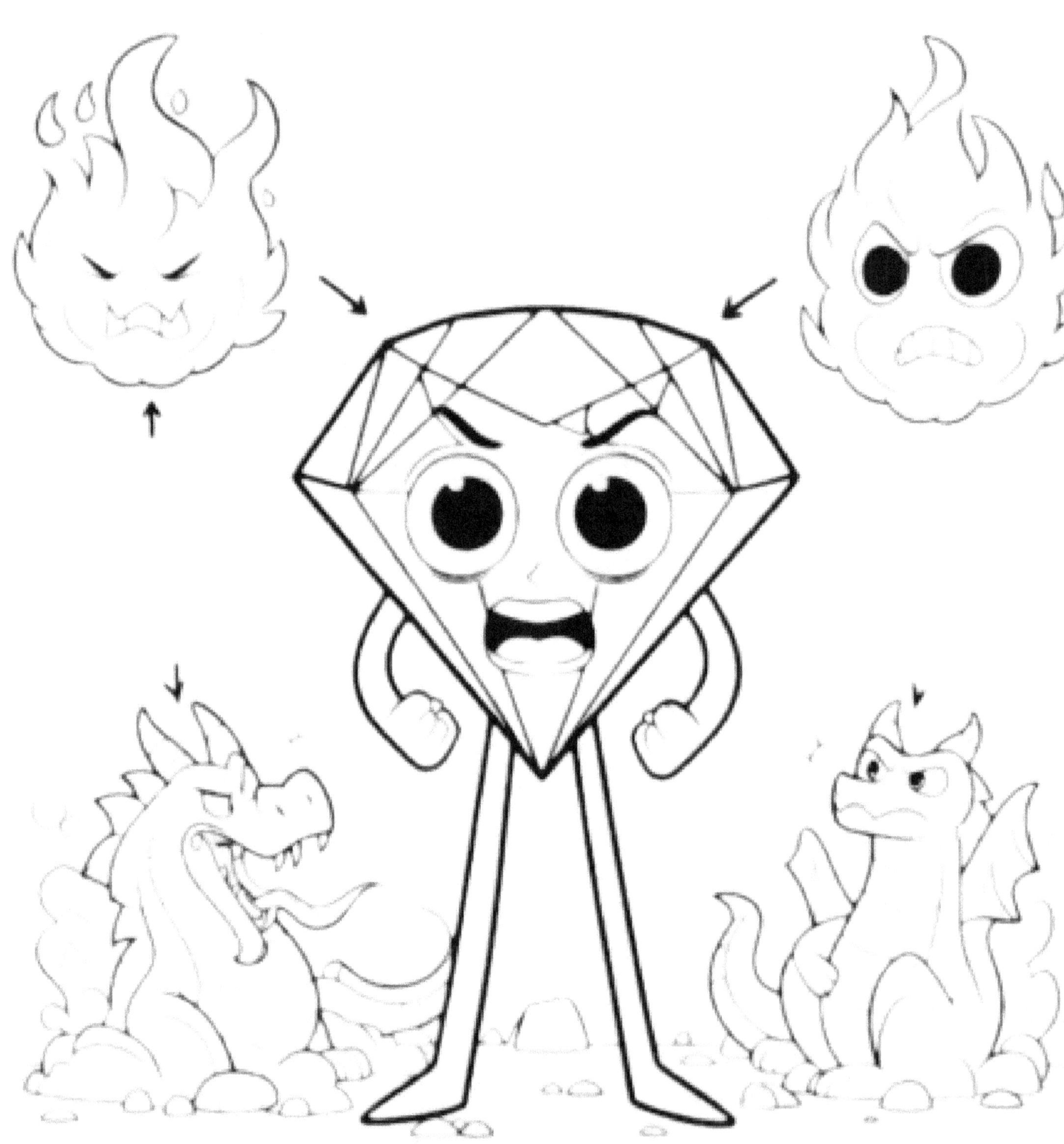

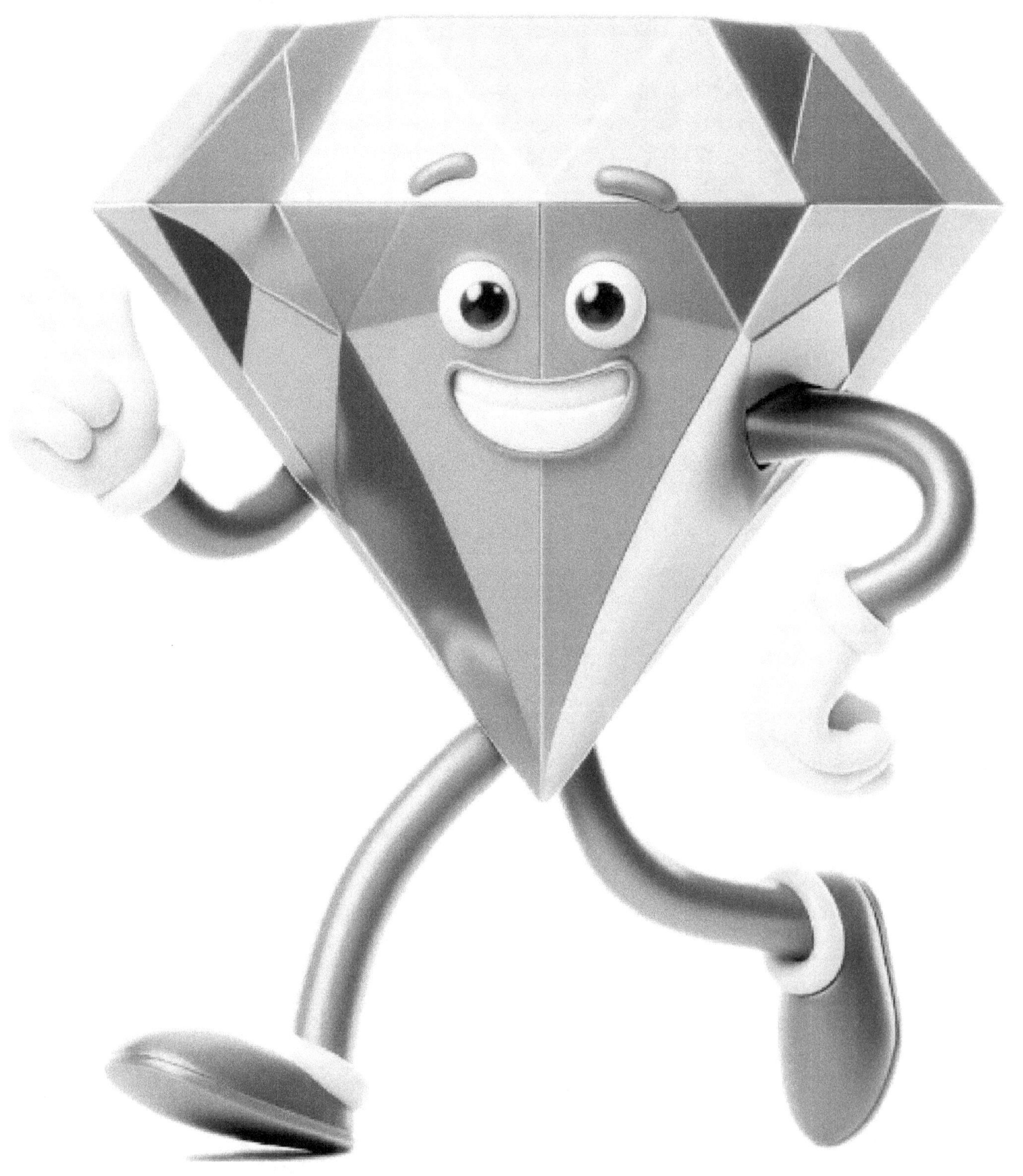

Obaaa, Brilhante conseguiu entender,
A emoção da raiva.
Ele agora está feliz,
Obrigado, amiguinho(a) por ajudar ele!

**Agora sua vez!**
**Faça um desenho para representar**
**às vezes que você sentiu raiva.**

Continuando sua jornada, Brilhante encontrou um duende
chamado Nojinho, que o apresentou ao nojo e à repugnância.
Essas emoções eram estranhas para Brilhante, mas ele entendeu
que elas serviam para proteger e preservar sua integridade


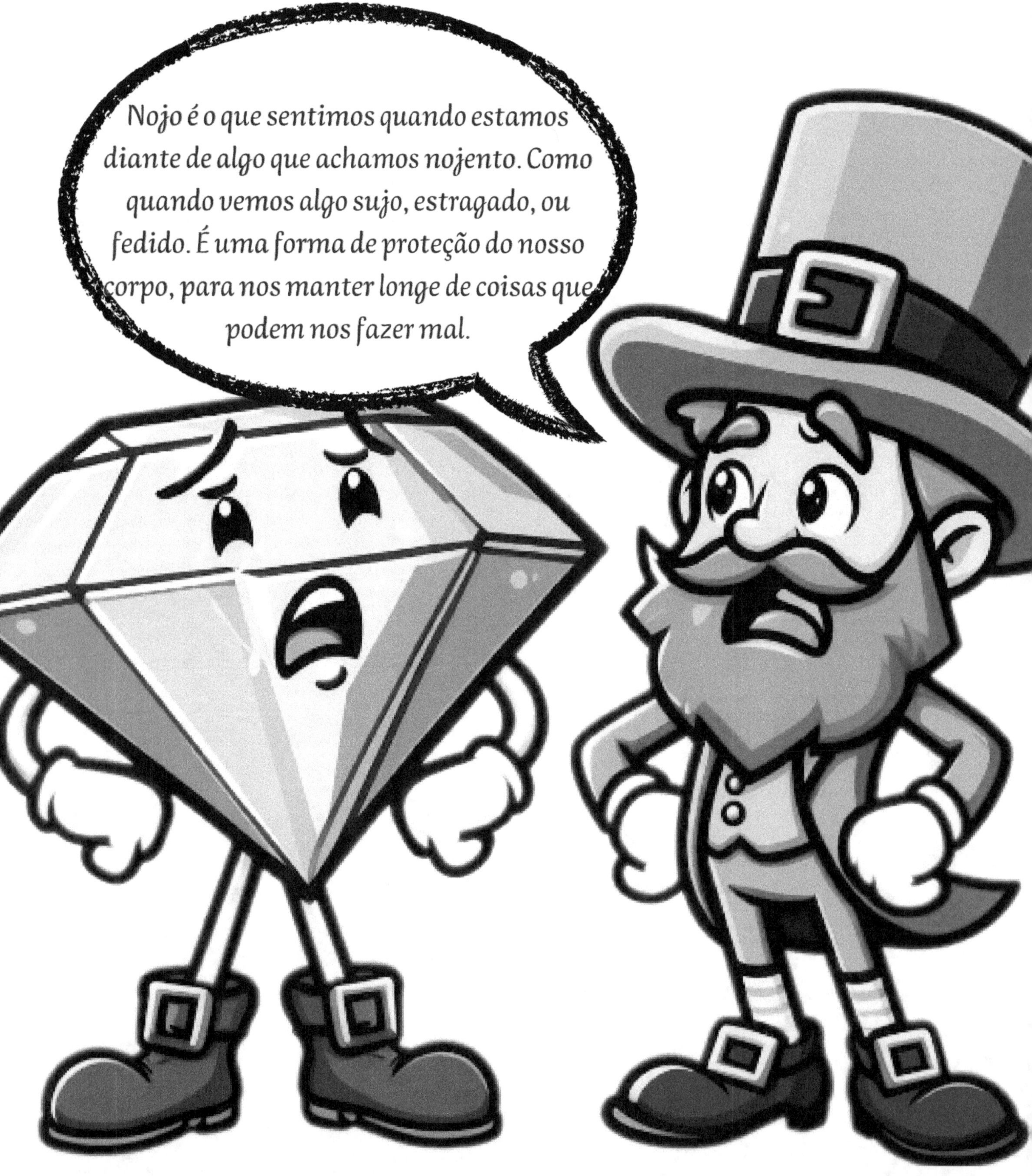

Nojo é o que sentimos quando estamos diante de algo que achamos nojento. Como quando vemos algo sujo, estragado, ou fedido. É uma forma de proteção do nosso corpo, para nos manter longe de coisas que podem nos fazer mal.

# Agora Brilhante está compreendendo Emoção "Nojo" Vamos colorir!

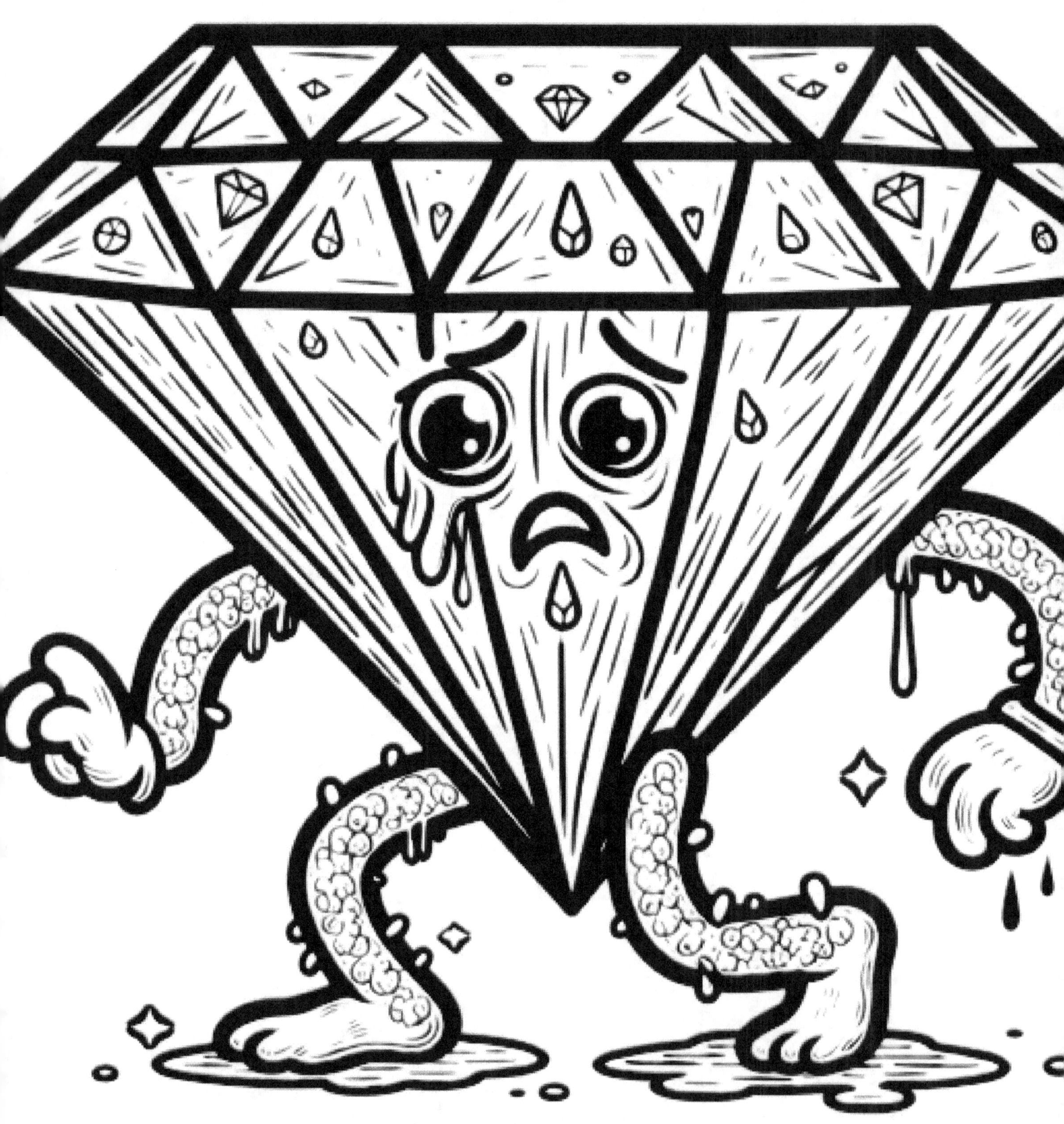

# Agora Brilhante está compreendendo Emoção "Nojo" Vamos colorir!

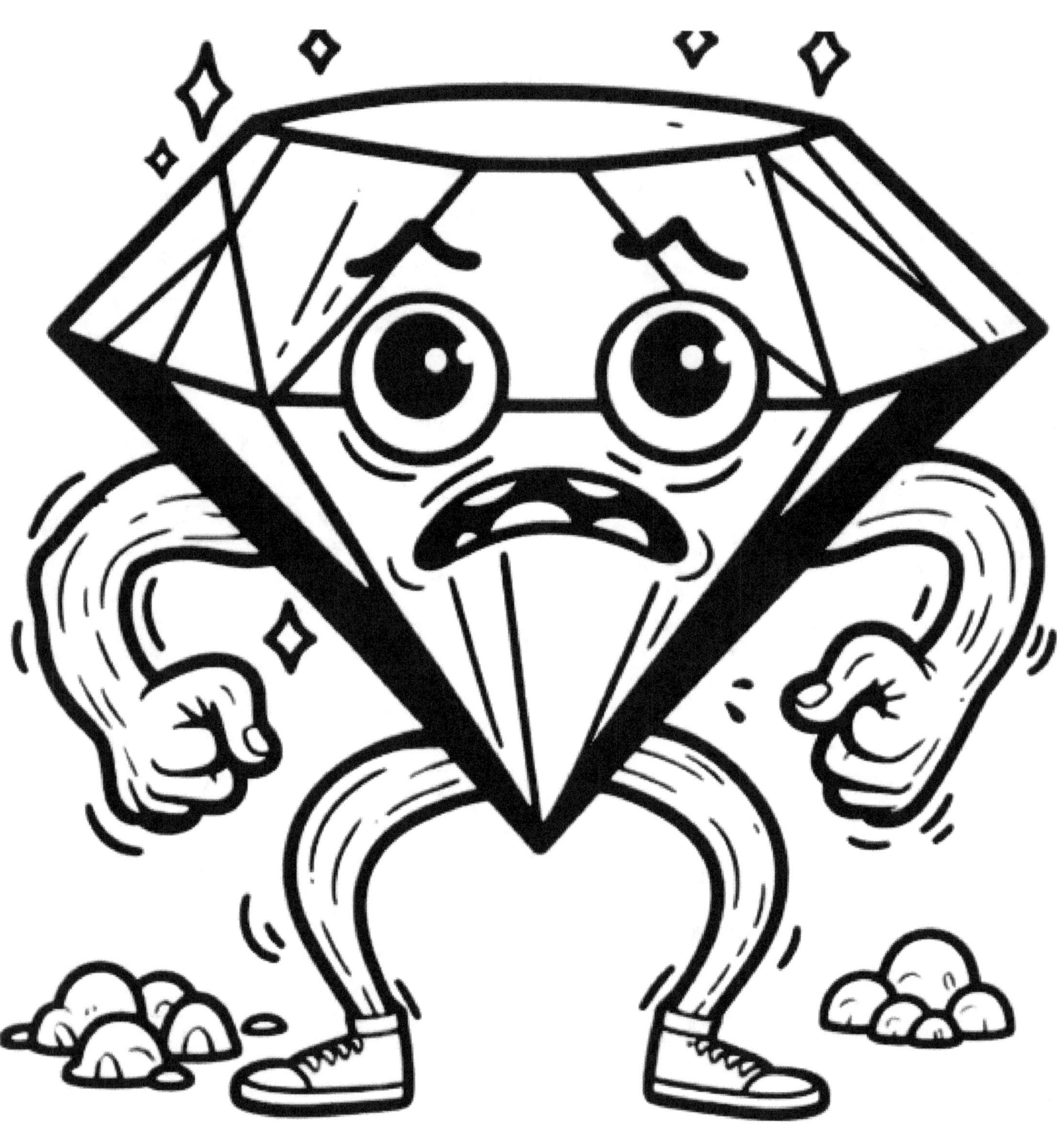

Agora Brilhante está compreendendo
Emoção "Nojo" Vamos colorir!

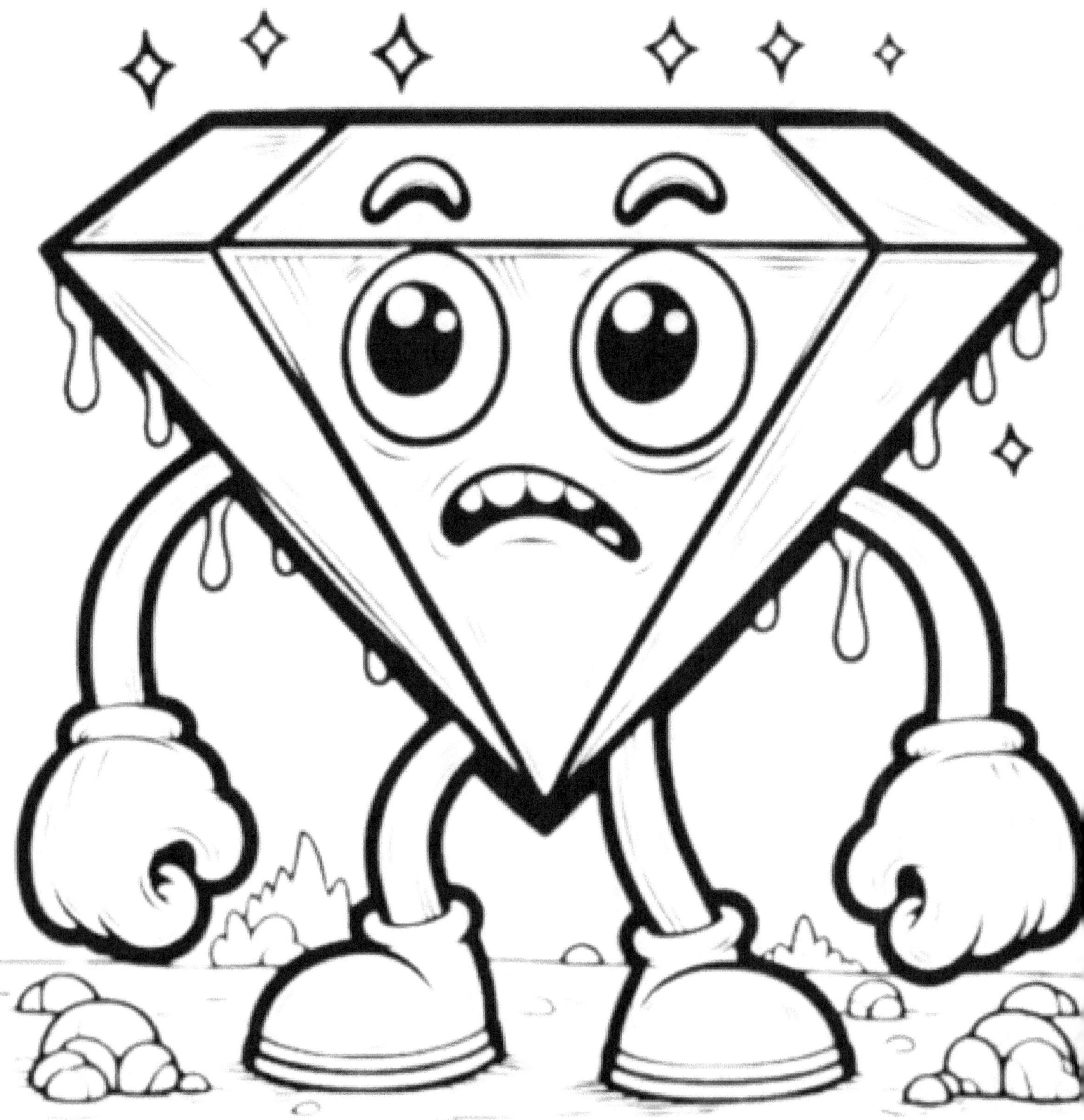

# Agora Brilhante está compreendendo Emoção "Nojo" Vamos colorir!

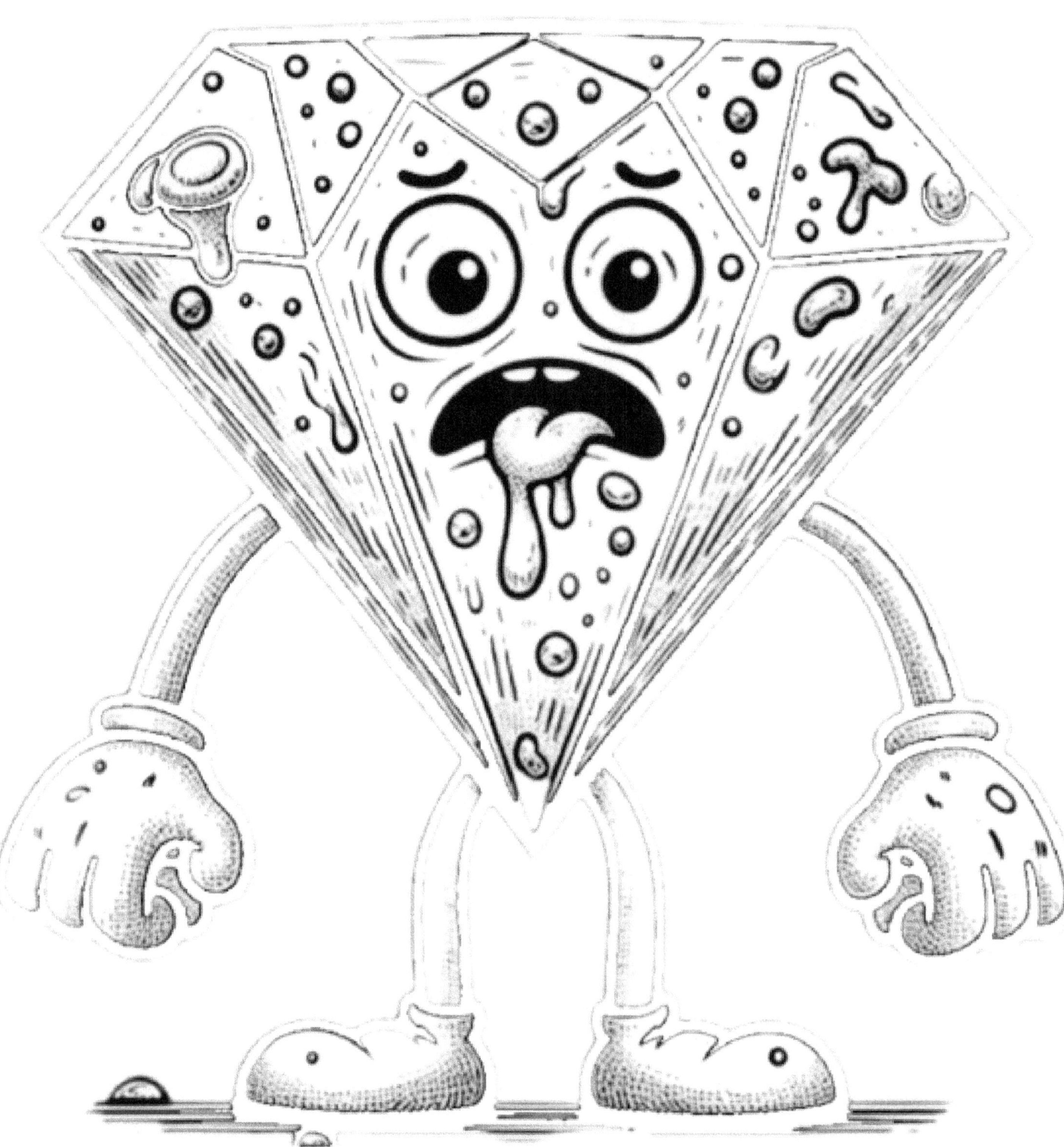

# Agora Brilhante está compreendendo Emoção "Nojo" Vamos colorir!

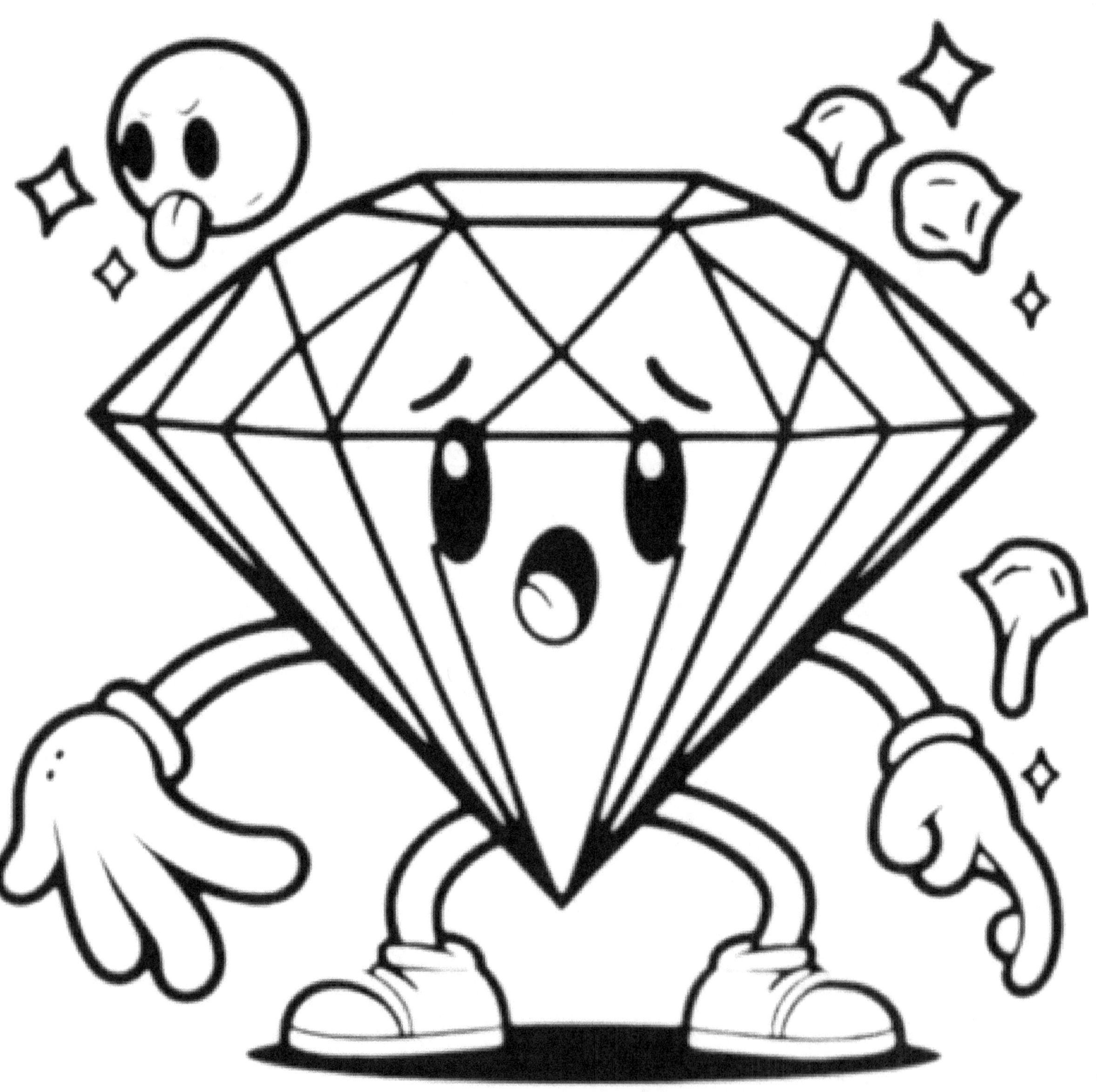

Agora Brilhante está compreendendo
Emoção "Nojo" Vamos colorir!

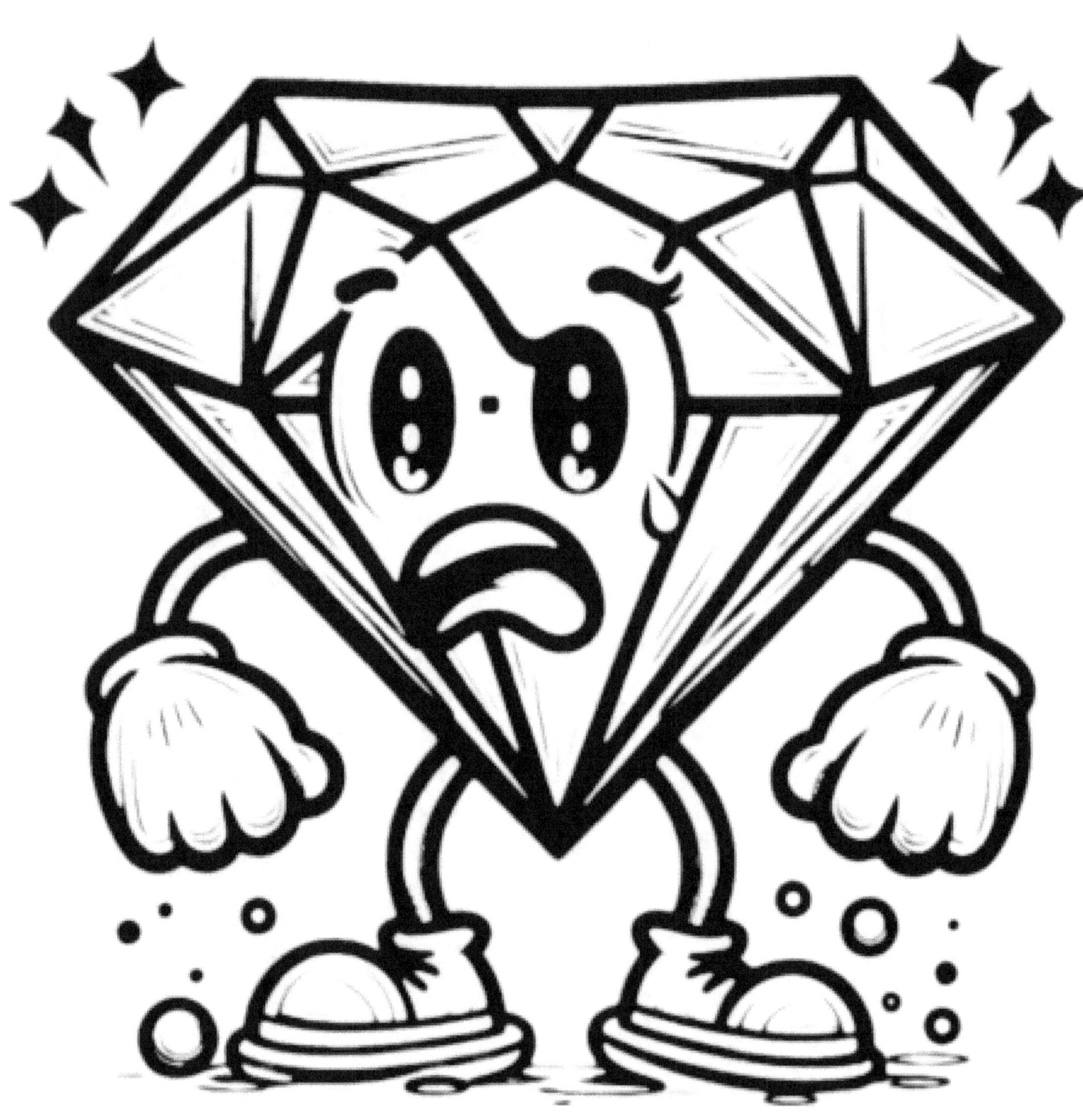

Que incrível, Brilhante conseguiu entender,
A emoção do nojo, ele agora está feliz.
Obrigado, amiguinho(a) por ajudar ele!

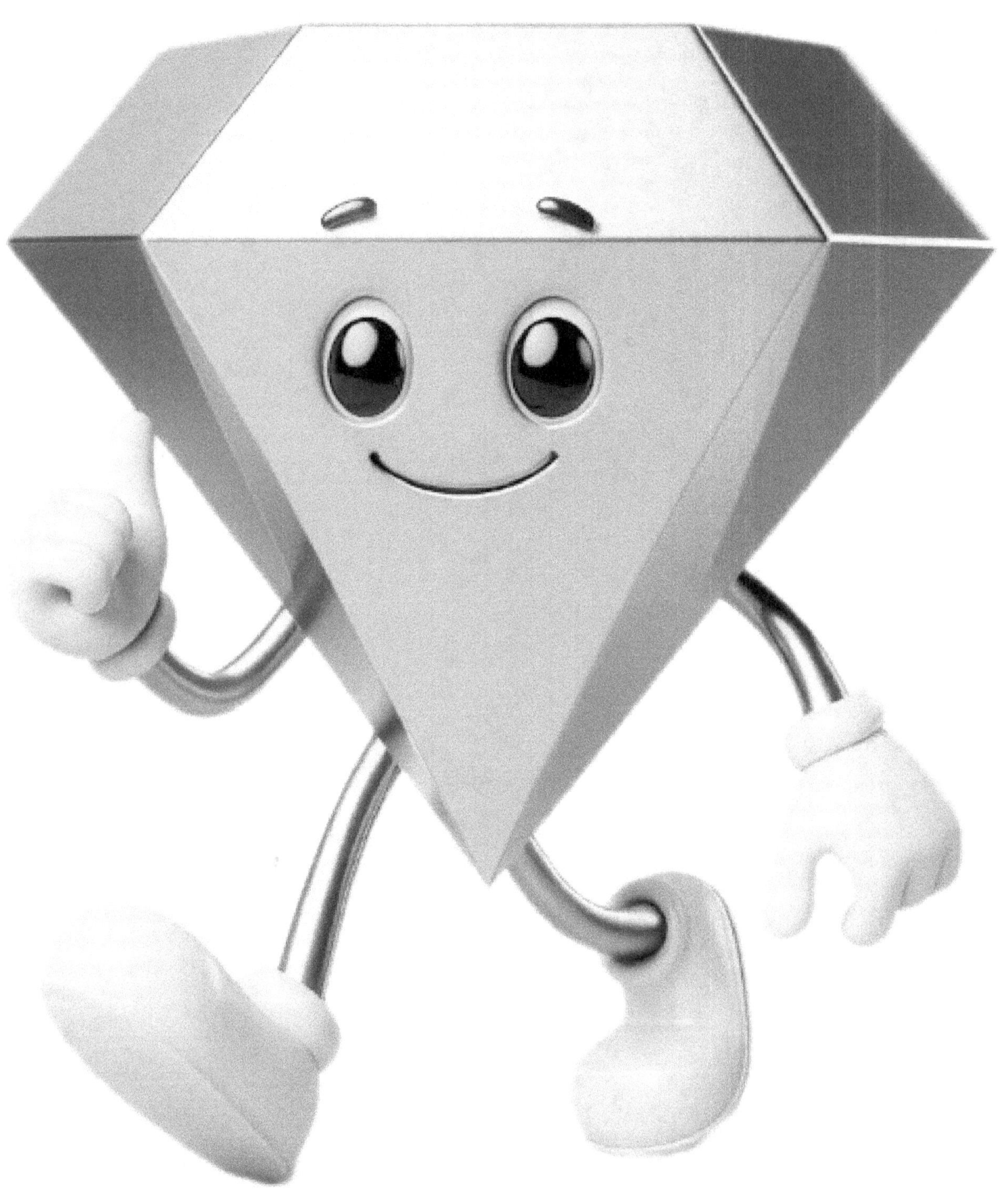

**Hora do desenho!**
**Faça um desenho para descrever**
**uma situação em que você sentiu nojo.**

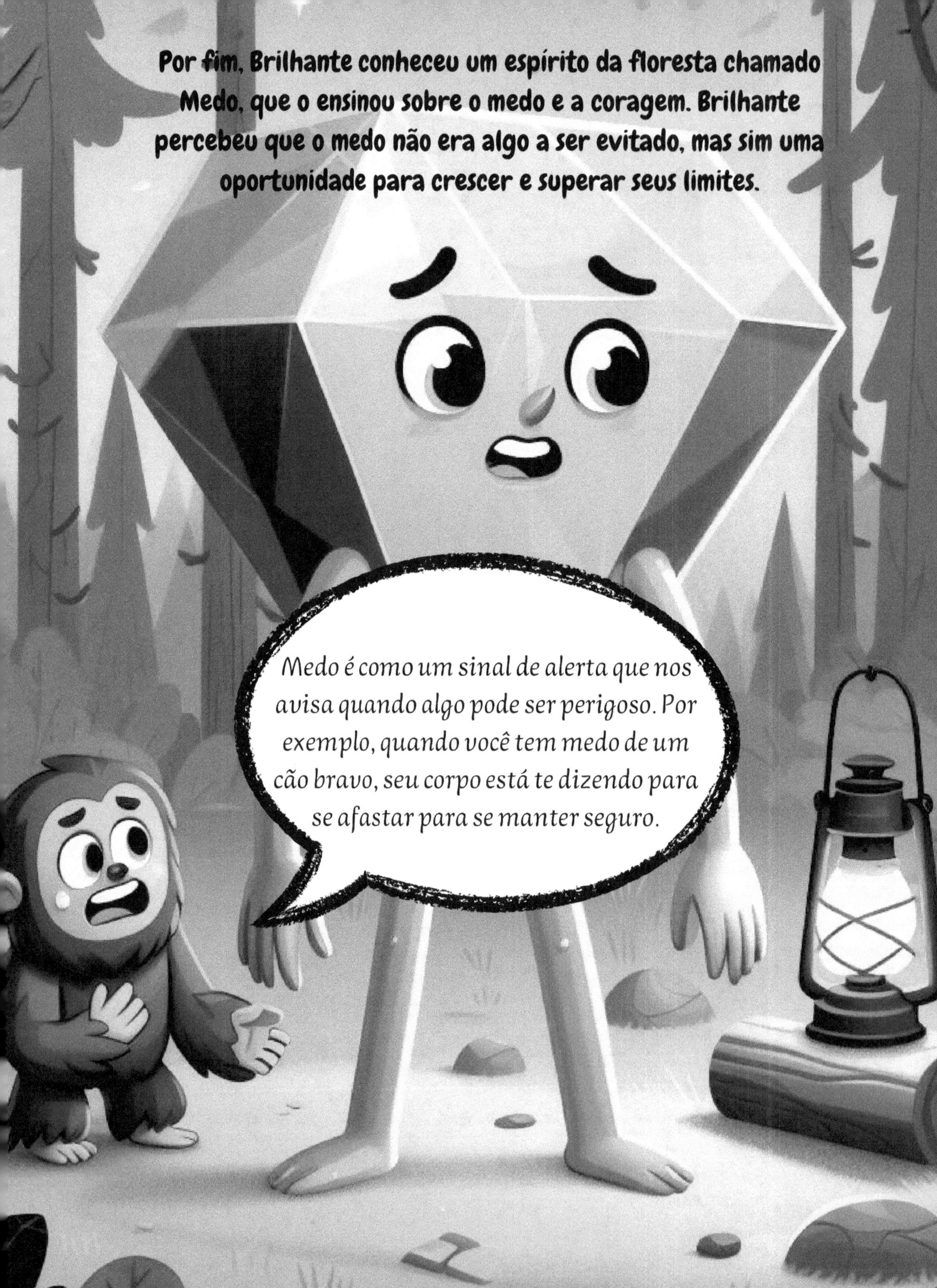

Por fim, Brilhante conheceu um espírito da floresta chamado Medo, que o ensinou sobre o medo e a coragem. Brilhante percebeu que o medo não era algo a ser evitado, mas sim uma oportunidade para crescer e superar seus limites.
Medo é como um sinal de alerta que nos avisa quando algo pode ser perigoso. Por exemplo, quando você tem medo de um cão bravo, seu corpo está te dizendo para se afastar para se manter seguro.

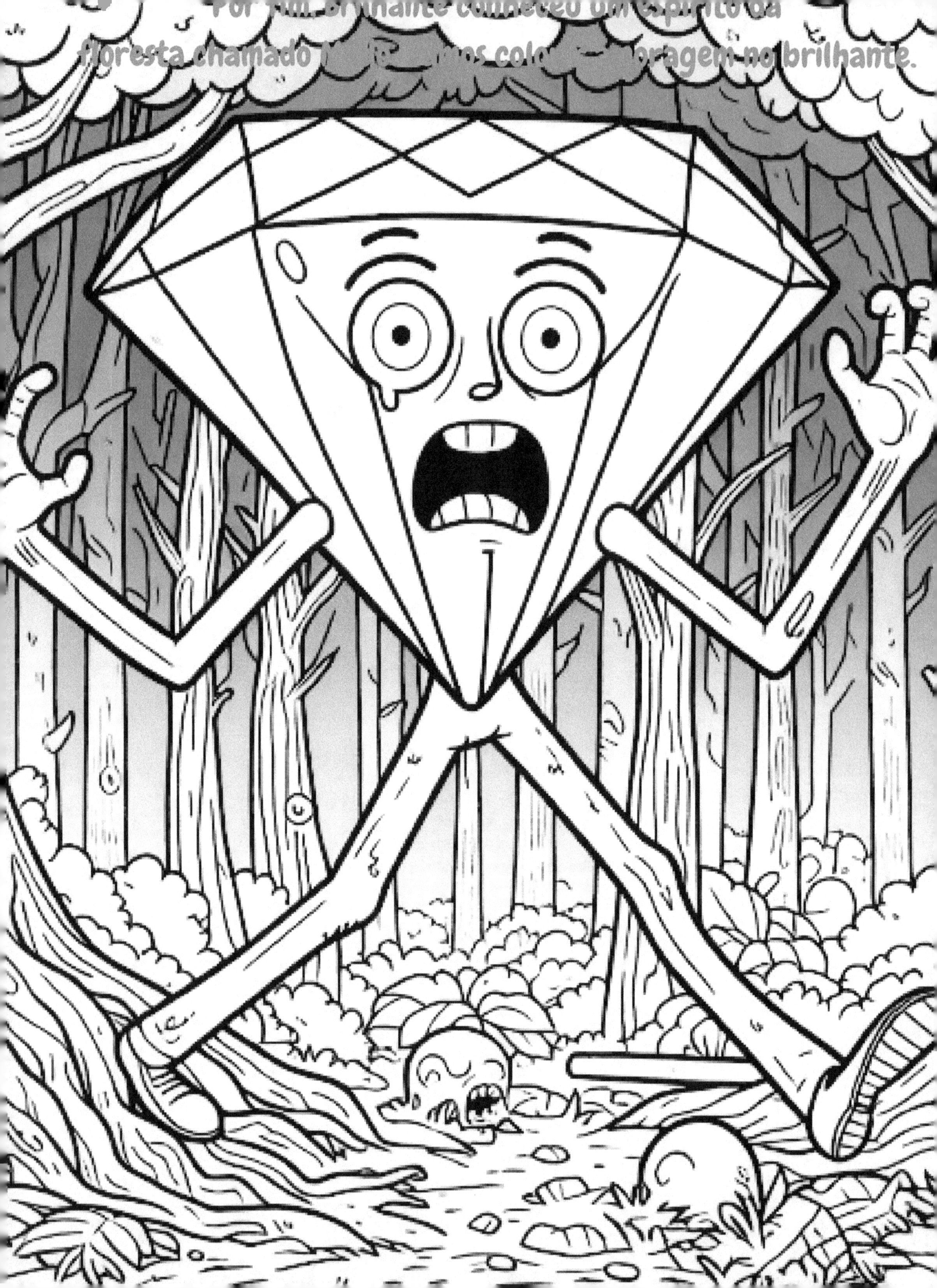

Por fim, o brilhante conheceu um espírito da
floresta chamado ... vamos colo... oragem no brilhante.

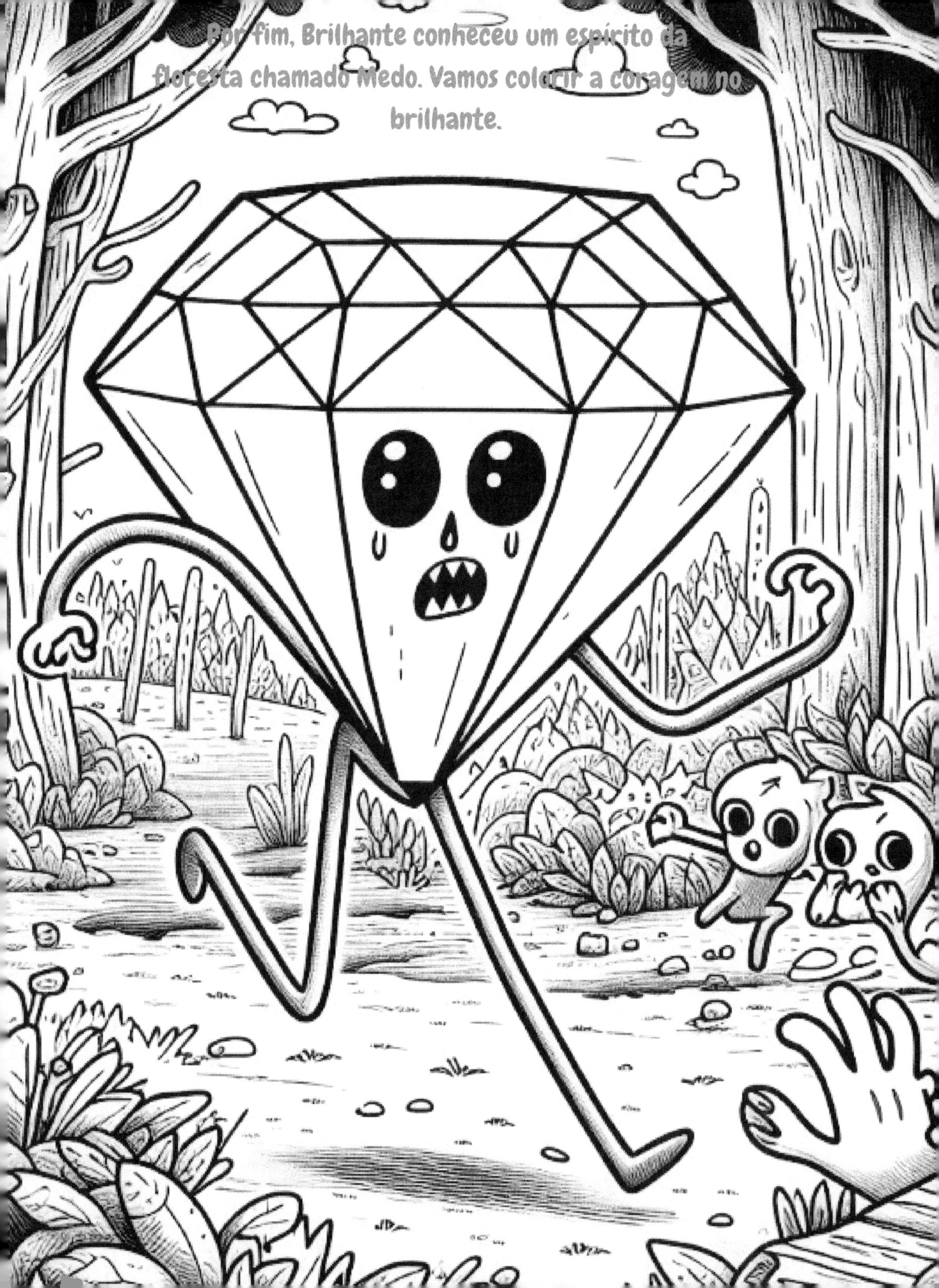

Por fim, Brilhante conheceu um espírito da floresta chamado Medo. Vamos colorir a coragem no brilhante.

Por fim, Brilhante conheceu um espírito da floresta chamado Medo. Vamos colorir a coragem no brilhante.

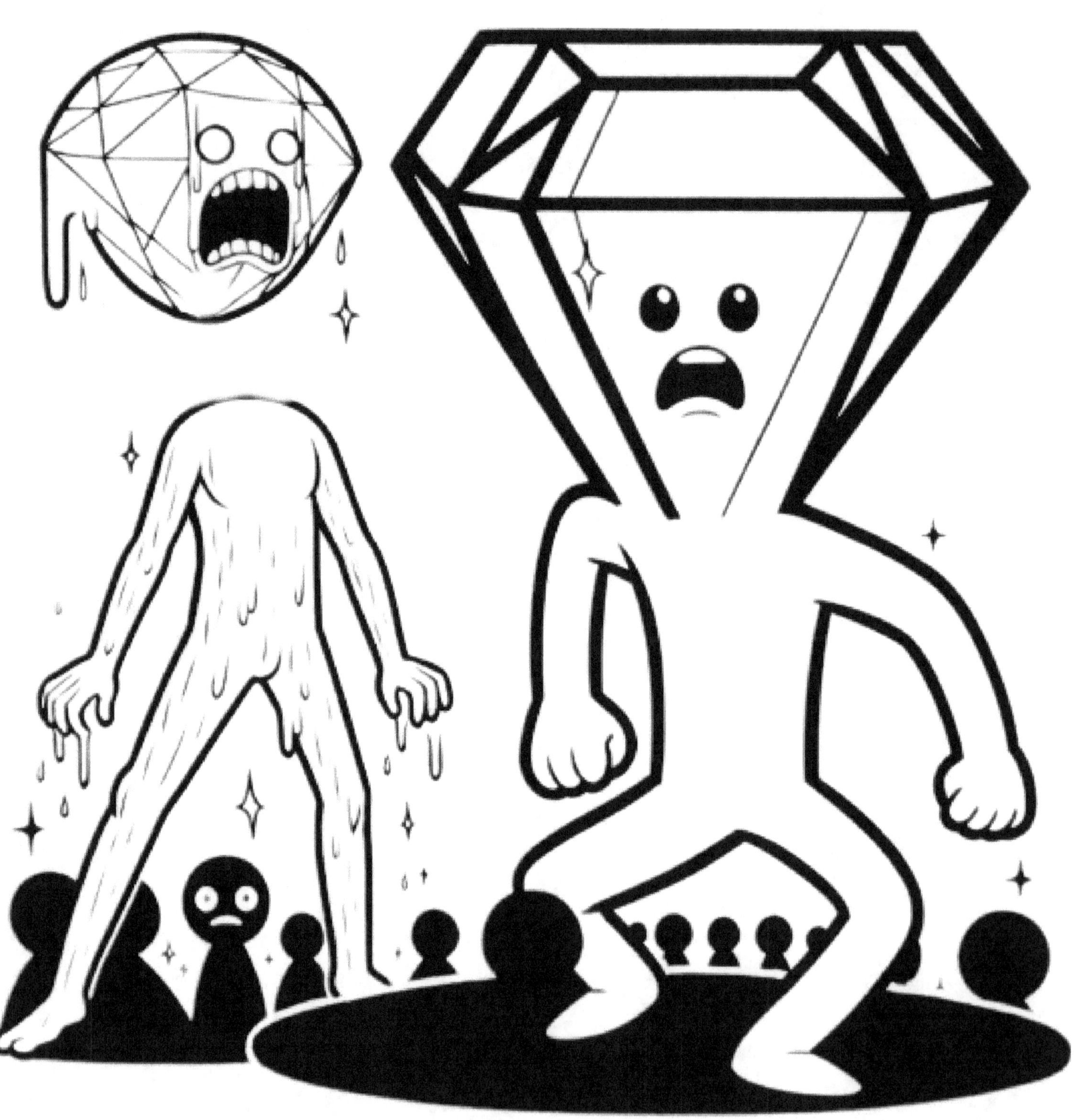

Por fim, Brilhante conheceu um espírito da floresta chamado Medo. Vamos colorir a coragem no brilhante.

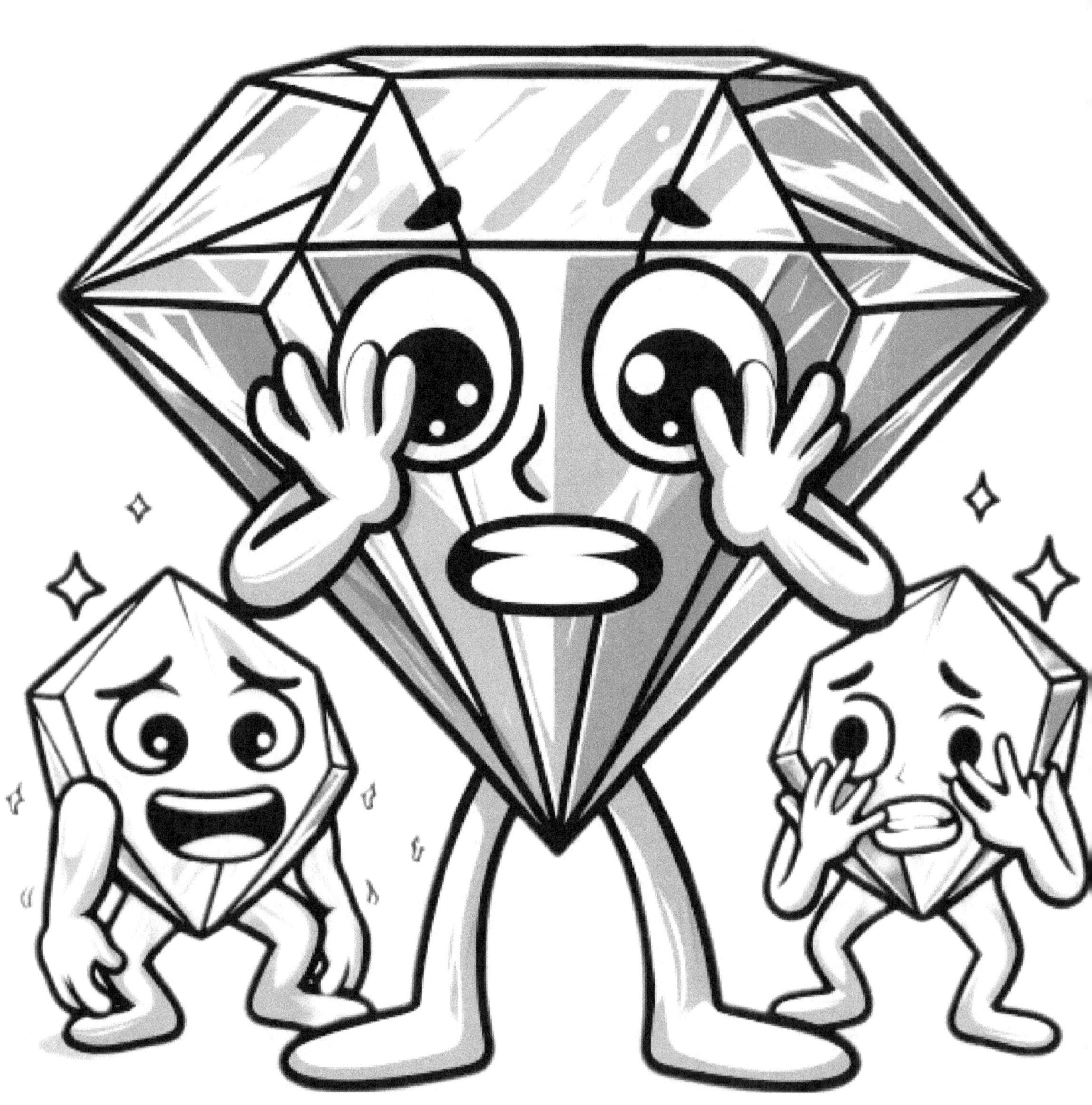

Por fim, Brilhante conheceu um espírito da floresta chamado Medo. Vamos colorir a coragem no brilhante.

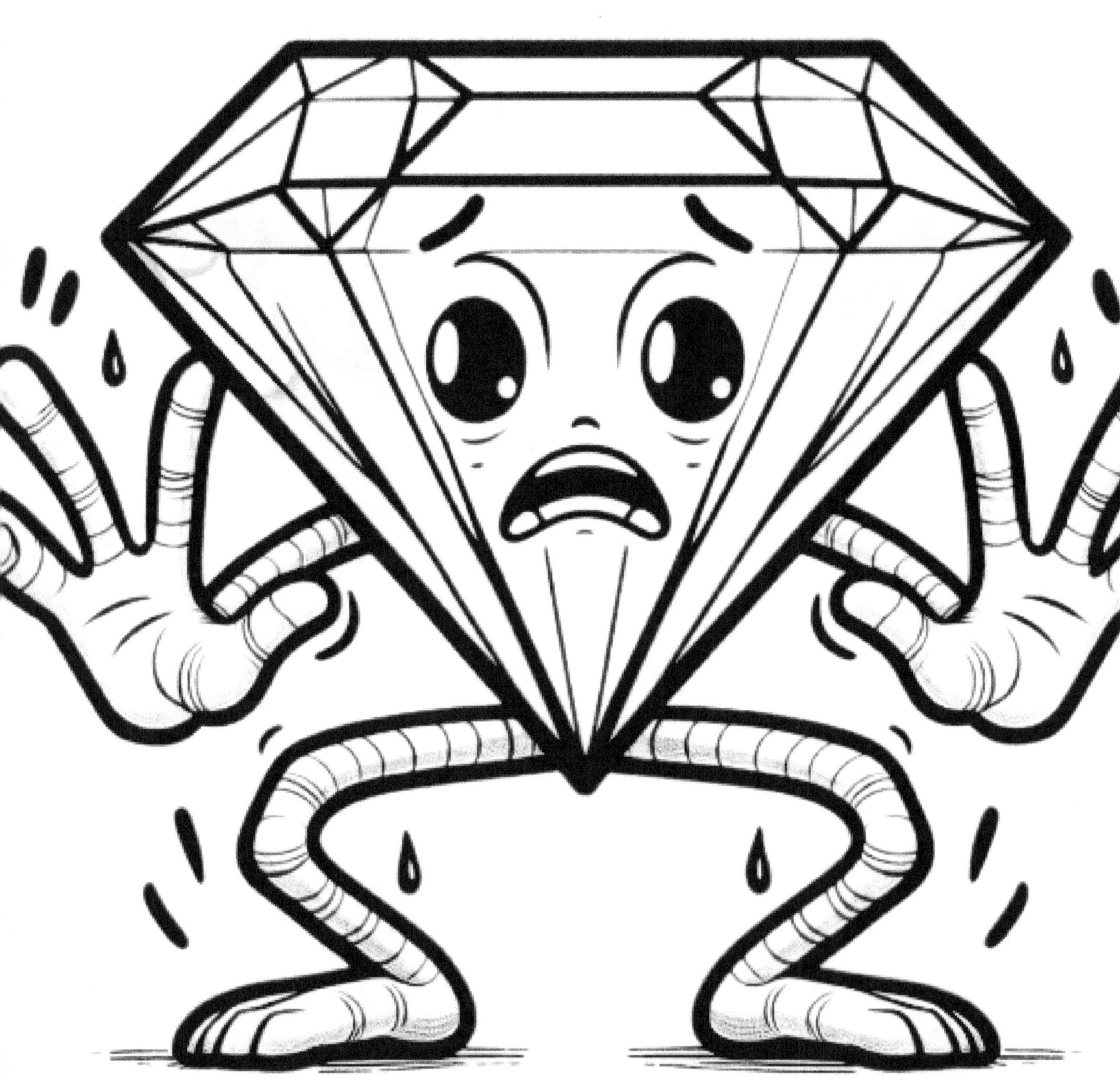

Por fim, Brilhante conheceu um espírito da floresta chamado Medo. Vamos colorir a coragem no brilhante.

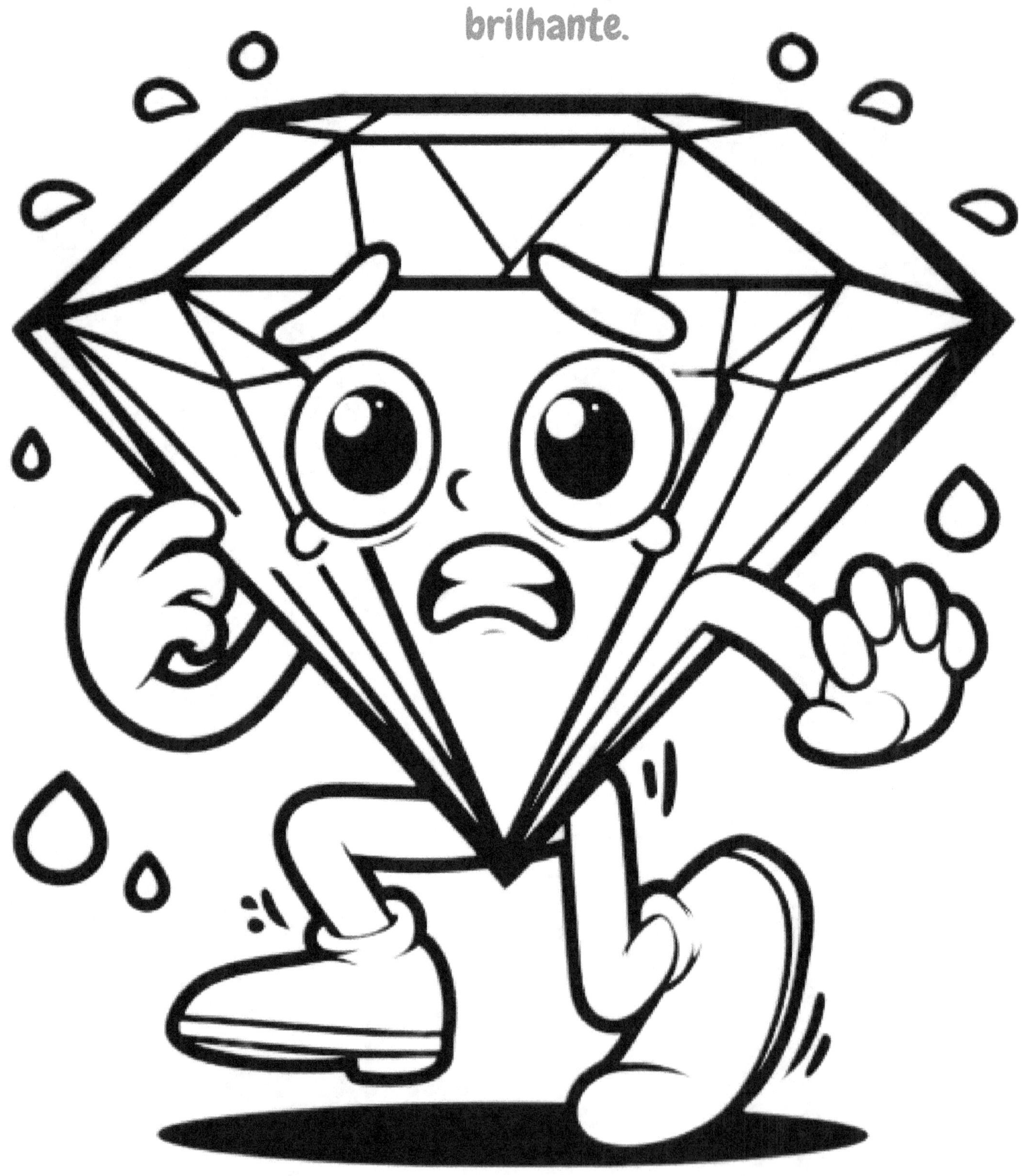

Magnífico, Brilhante conseguiu entender,
A emoção do medo .
Ele agora cheio de coragem.
Obrigado(a), amiguinho por ajudar ele!

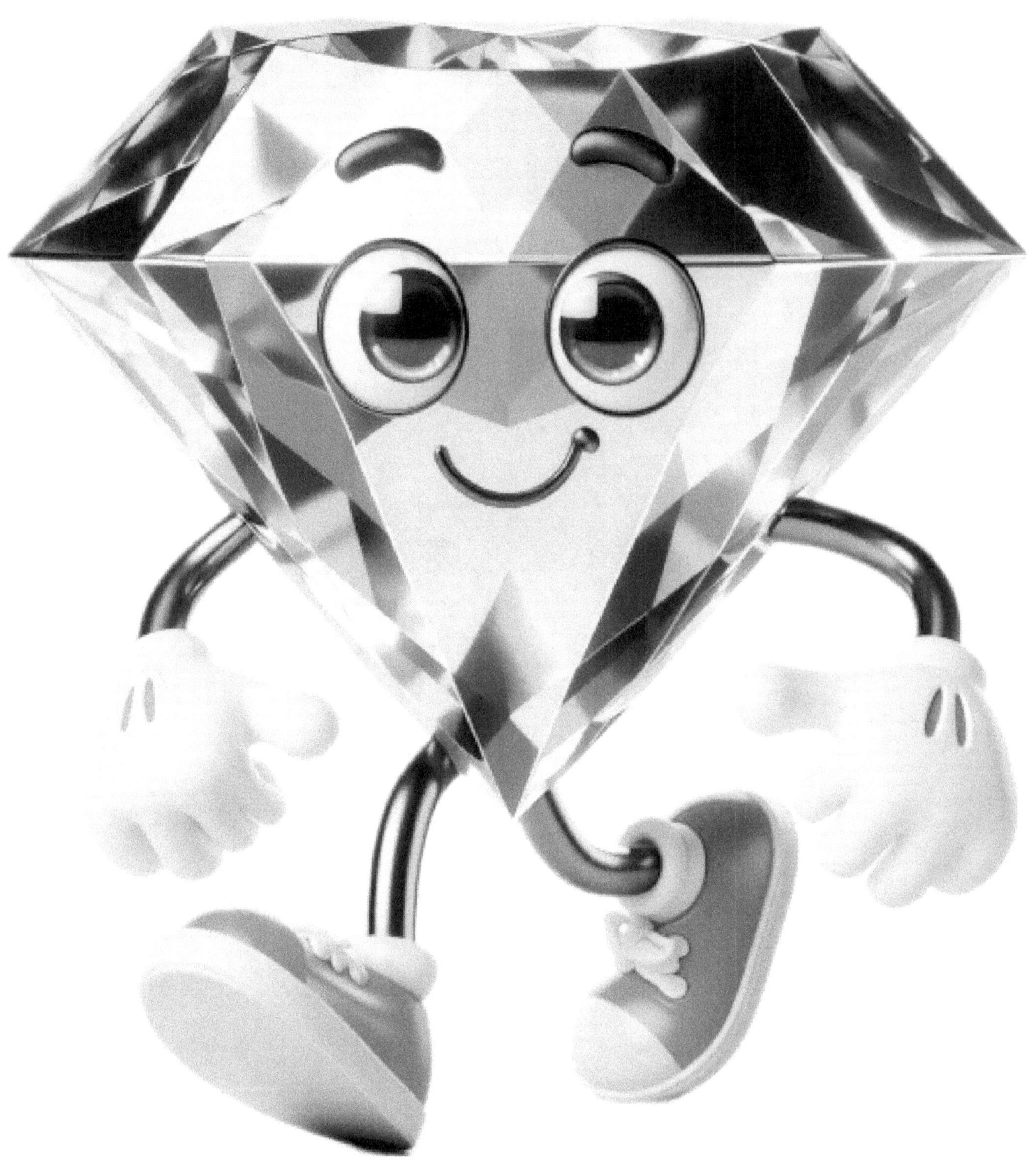

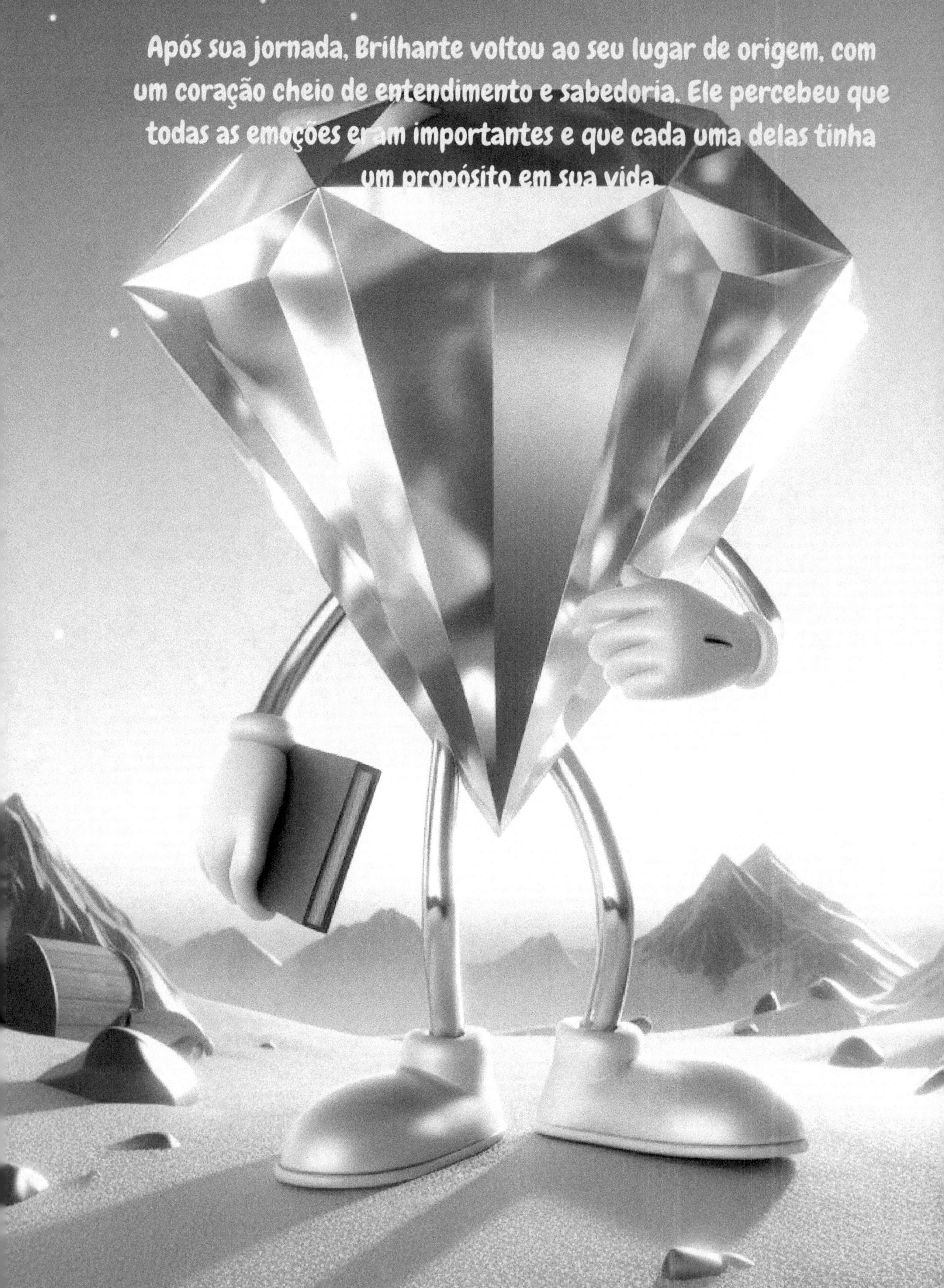

Após sua jornada, Brilhante voltou ao seu lugar de origem, com um coração cheio de entendimento e sabedoria. Ele percebeu que todas as emoções eram importantes e que cada uma delas tinha um propósito em sua vida.

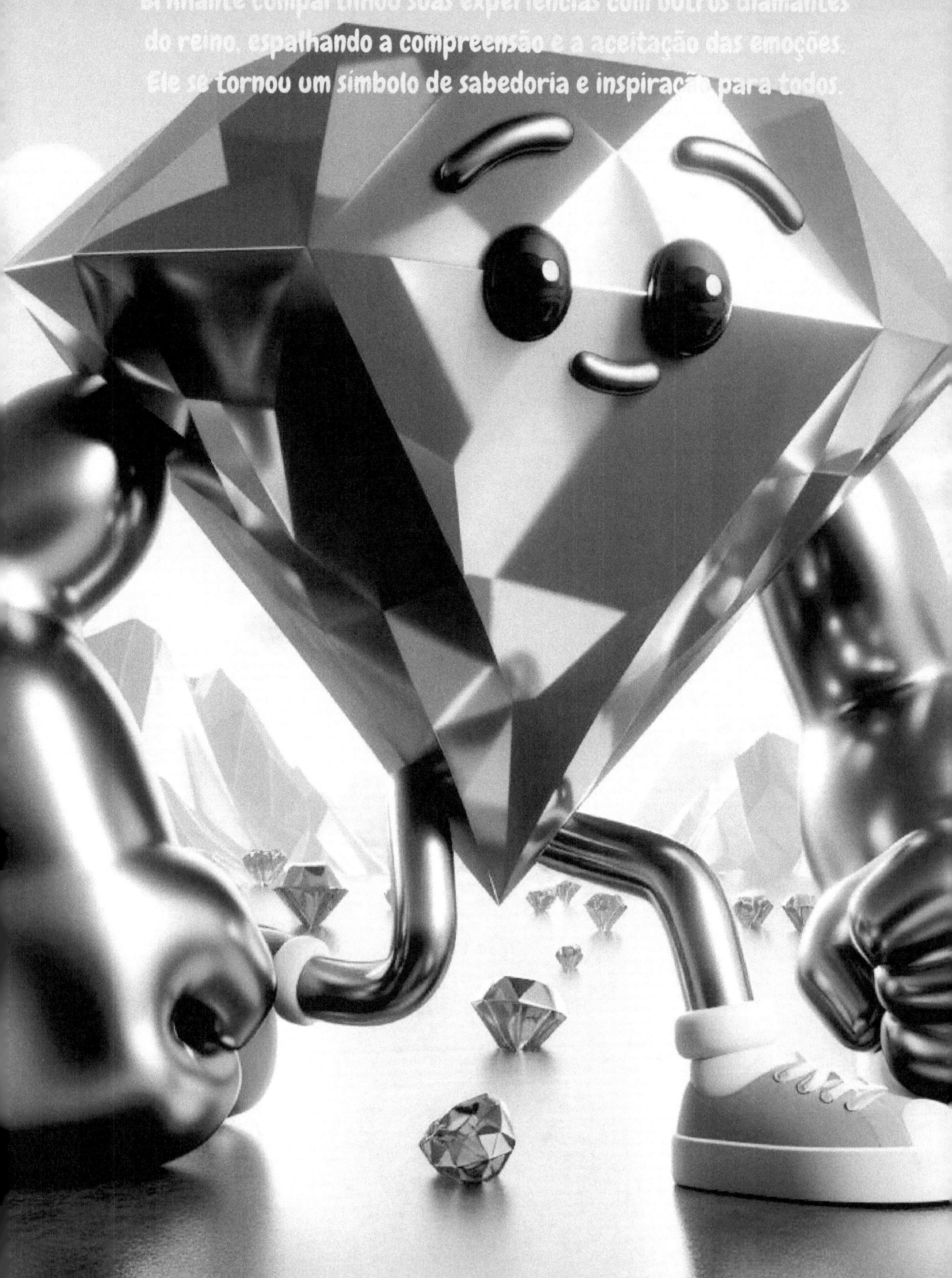

Brilhante compartilhou suas experiências com outros diamantes do reino, espalhando a compreensão e a aceitação das emoções. Ele se tornou um símbolo de sabedoria e inspiração para todos.

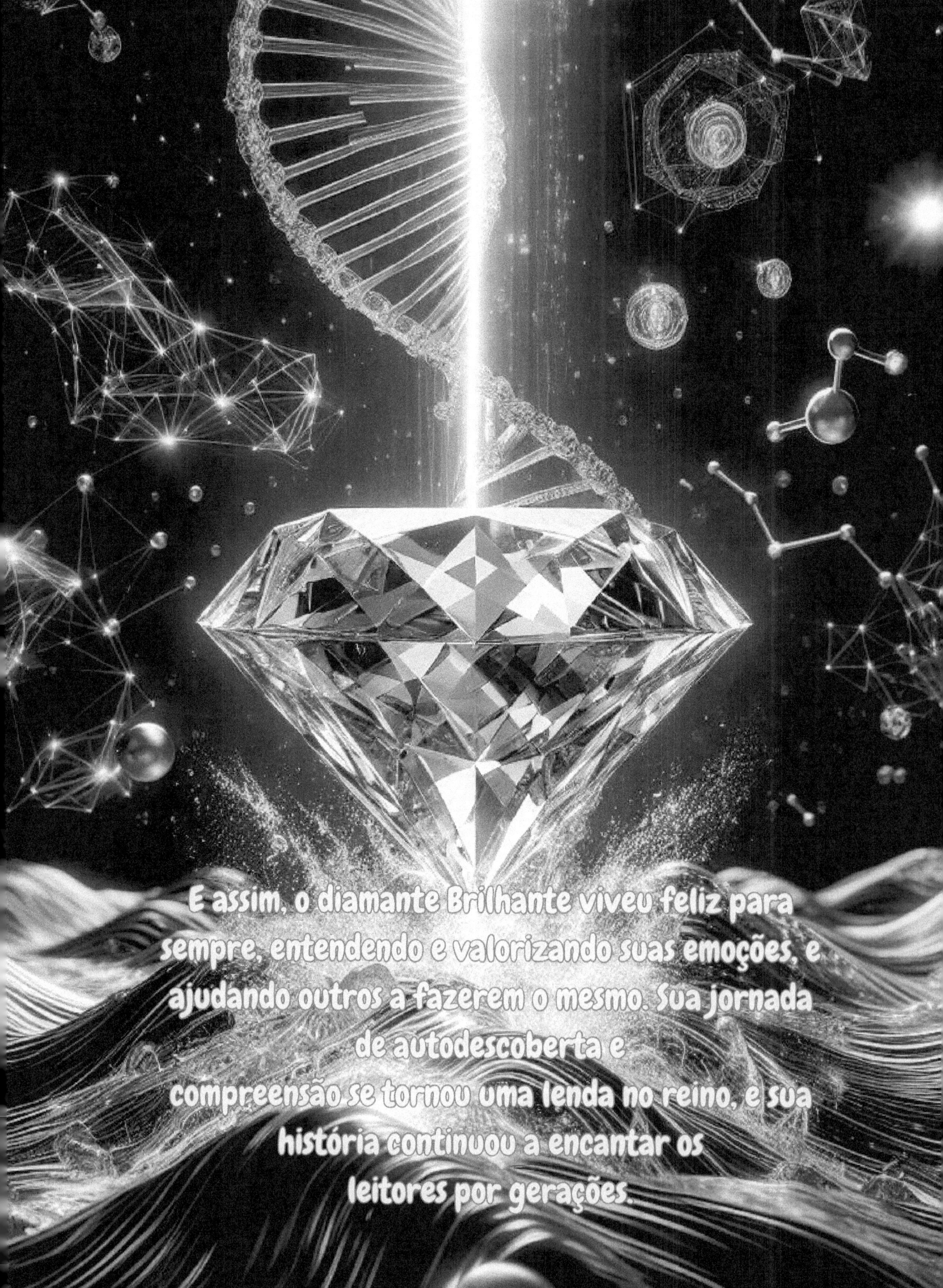

E assim, o diamante Brilhante viveu feliz para
sempre, entendendo e valorizando suas emoções, e
ajudando outros a fazerem o mesmo. Sua jornada
de autodescoberta e
compreensão se tornou uma lenda no reino, e sua
história continuou a encantar os
leitores por gerações.

**Me conta: Qual foi a emoção
que você gostou de colorir e
qual você mais gostou de desenhar ?**

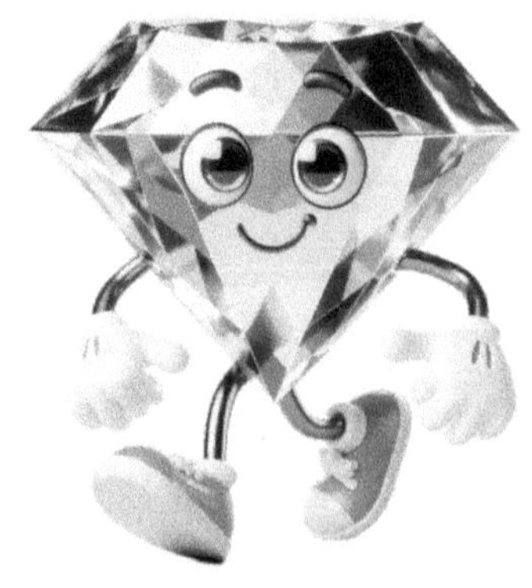

Com o livro a arte de colorir as emoções, você ajudou o Brilhante
entender que ele podia expressar suas emoções de maneiras
criativas e que, ao fazê-lo, ele se tornava ainda mais brilhante e
radiante.
E assim, Brilhante percebeu que o verdadeiro valor de um
diamante não está
apenas em sua aparência, mas em sua capacidade de sentir,
expressar e abraçar todas as suas emoções.
Que esta história inspire você, querido leitor, a explorar suas
próprias emoções e a reconhecer o valor que cada uma delas
traz para sua vida. Lembre-se de que você é
como um diamante precioso, cheio de cores e emoções únicas,
prontas para serem
expressas e compartilhadas com o mundo.
Que sua jornada seja cheia de brilho, autenticidade e amor. E que
você sempre se
lembre do valor inestimável que reside dentro de você.


Grande abraço , Eliana Lima
Treinadora de Diamantes

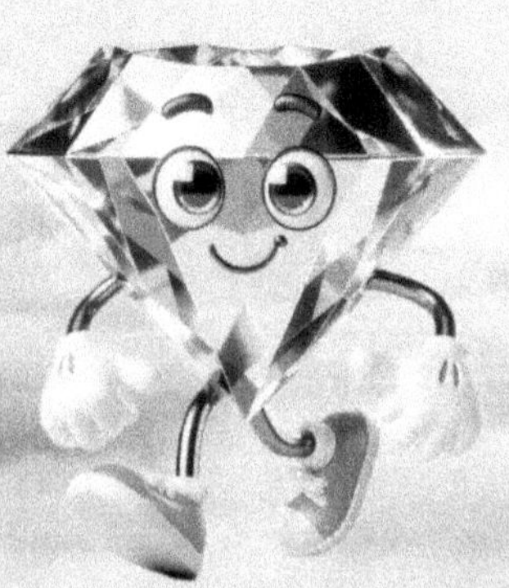